Junkies wie wir

Kurosch Yazdi: Junkies wie wir

www.edition-a.at

Cover: Hidsch, Emilia Hager
Gestaltung: Raphaela Brandner
Druck: Theiss (www.theiss.at)

Gesetzt in der *Premiéra*

1 2 3 4 5 6 — 16 15 14 13

ISBN 978-3-99001-052-5

KUROSCH YAZDI

Junkies wie wir

edition a

INHALT

DAS JUNKIE-GEN IN UNS

Menschen neigen dazu, sich selbst zu belügen. Dass wir die Sonntagszeitung aus den Plastiktaschen entwenden, ohne zu zahlen, rechtfertigen wir mit dem positiven Reichweiteneffekt, der den Zeitungen höhere Anzeigenpreise beschert. Wenn wir auf der Suche nach ausgefallenen Sexualpraktiken eine halbe Stunde auf der Website *YouPorn* herumsurfen, tun wir das nur aus distanzierter Neugier und sind danach selbstverständlich total angewidert. Und unseren Teller am Buffet eines Selbstbedienungsrestaurants beladen wir nur deshalb mit einem schwindelerregenden Essenshaufen, weil wir so einen riesigen Hunger haben. So weit, so unverfänglich. Der Vollständigkeit halber möchte ich aber erwähnen, dass es für all diese Dinge auch andere Namen gäbe. Zum Beispiel »Diebstahl«, oder »Voyeurismus«, oder »Gier«. Die wenigsten wollen aber solche wenig schmeichelhaften Begriffe gelten lassen. Deshalb belügen sie sich selbst und schieben die niederen Motive von sich weg, um den moralischen Erwartungen ihres sozialen Umfelds zu entsprechen. Dass Menschen solche Bewältigungsstrategien wählen, ist absolut zweckmäßig und hat mit psychischem Überleben zu tun. Fast jeder Mensch hat schon einmal die Zeitung gestohlen, seine sexuellen Bedürfnisse über eine Pornoseite kanalisiert, oder aus purer Gier mehr konsumiert, als eigentlich notwendig wäre. Wir müssten uns also eingestehen, dass Schwäche und sogenannte »niedere Motive« fester Bestandteil unserer Realität sind. Doch genau dieser Gedanke ist zu beunruhigend, um sich intensiver damit zu befassen. Womit wir schon mitten in der Suchtproblematik wären. Wir machen uns gerne vor, dass Sucht ein Randgruppenphänomen sei, das sich auf soziale Brennpunkte, Unterschichten-Haushalte und ein paar exzentrische Künstlerexistenzen beschränkt. Sucht ist für uns ein ungewaschener Heroin-Junkie, der auf einem U-Bahn-Klo herumlungert und Handtaschen raubt, oder ein arbeitsloser Säufer, der seine Frau prügelt, oder aber eine zarte Seele wie Amy Winehouse, die den Ruhm nur mit viel Rauschgift bewältigen konnte. All diese Klischees helfen uns dabei, das Thema Sucht von uns wegzuschieben. Der Grund für den kollektiven Selbstbetrug ist schnell erklärt. Die Sucht ist mitten unter uns wie der Zeitungsdiebstahl, der Voyeurismus oder die Gier. Sucht ist kein Randgruppenphänomen, Sucht ist Mainstream. Sie zieht sich durch alle Altersklassen, alle gesellschaftlichen Schichten und alle Lebensbereiche. Dass sich diese beunruhigende Erkenntnis nur sehr schleppend in der allgemeinen Wahrnehmung festsetzt, hat mit einem verfälschten Suchtbegriff zu tun. Die meisten Menschen assoziieren Sucht mit bestimmten Substanzen. Im schlimmsten Fall handelt es sich bei diesen Substanzen um Opiate aller Art, Methamphetamine oder halluzinogene Stoffe, wie wir sie in LSD oder Magic Mushrooms finden. Weniger dramatisch wird der Suchtbegriff bei Alkohol und Nikotin ausgelegt. Hier ist Sucht eher ein Spleen, eine kleine Charakterschwäche wie Jähzorn oder Ungeduld.

Die öffentliche Wahrnehmung stürzt sich in erster Linie auf substanzbezogene Süchte, die die »öffentliche Ordnung« beeinträchtigen. In deren Schatten konnten sich Süchte verbreiten, die rein gar nichts mit dem gängigen Bild von Abhängigkeiten zu tun haben – die Verhaltenssüchte. Unter dem Deckmantel der sozialen Erwünschtheit legen sie sich wie eine epidemisch grassierende Seuche über alle Bereiche des gesellschaftlichen Lebens. Ich sage es nur ungern. Aber wir sind Junkies. Natürlich nicht alle von uns, aber doch so viele, dass das »wir« absolut gerechtfertigt ist. Unsere Drogen heißen nicht Heroin, Kokain oder LSD, sondern Kaufen, Internet und Spielen. Unser Verfall mündet nicht in einem wankenden Gang, zahnlosen Gebissen und verschorften Venen, sondern in Schulden, Haltlosigkeit und Vereinsamung. Doch das allerschlimmste an Verhaltenssüchten ist, dass die Wirkung ihrer Rauschmittel nicht von einer illegalen Substanz, sondern von stets verfügbaren Gütern abhängt. Unsere Gesellschaft shoppt, zockt und surft sich in einen kollektiven Rausch. Völlig legal, weil der Ausgangspunkt des Rausches als Kulturpraxis anerkannt ist. Während die Rauschgift-Dealer mit geächteten Orten wie öffentliche Toiletten oder dreckige Parks vorlieb nehmen, haben es sich die Verhaltenssüchte im Zentrum unserer Gesellschaft bequem gemacht. Einkaufstempel, die alles für scheinbar wenig Geld feilbieten, eine virtuelle Illusion namens Social Network, die Freundschaft mit einem Friendship-Button verwechselt, Computerspiele, die nutzlose Fertigkeiten als Geschicklichkeit verkaufen, Online Gaming Provider, die längst auf den Trikots der berühmtesten Sportstars zu Hause sind – sie alle haben Verhaltenssüchte salonfähig gemacht.

An den Gefahren, die jede Sucht mit sich bringt, ändert das nichts. Dass wir also nicht nur von Randgruppen mit einem Suchtproblem, sondern von einem Massenphänomen namens Suchtgesellschaft sprechen müssen, ist eine soziale Katastrophe ungeahnten Ausmaßes. Die Lösung dieses Problems liegt nicht, beziehungsweise nicht mehr, in punktuellen Maßnahmen. Vor den Verhaltenssüchten müssen wir uns vor allem selbst retten. Dazu müssen wir aber erst akzeptieren, dass wir Teil einer außer Kontrolle geratenen Suchtgesellschaft sind, die uns alle jederzeit mitreißen kann.

DIE SUCHE NACH BEZIEHUNG

Sucht bedeutet Verlust von Kontrolle. Kontrolle steht für das Bedürfnis nach Halt, und diesen Halt finden wir in Beziehungen. Damit sind nicht nur intime Verhältnisse gemeint, sondern das Sich-Einlassen auf andere Menschen. Sucht ist, stark vereinfacht ausgedrückt, die Suche nach all diesen Beziehungen. Um unseren Wunsch nach Beziehung zwischenzeitlich zu stillen, geben wir uns allerlei Ersatzbefriedigungen hin, die uns falsch dosiert in die Sucht treiben können.

Um das Prinzip der Sucht als Beziehungssuche zu verstehen, müssen wir uns vom Trend zur totalen Individualität distanzieren. Der Mensch ist immer noch ein Rudeltier. Er muss sich in Beziehung zu anderen Mitgliedern des Rudels setzen, um langfristig glücklich zu sein. Aus diesen Beziehungen bezieht er Geborgenheit, Aufwertung, Sicherheit, Wohlbefinden, Trost, Orientierung, Lebenssinn und viele andere wertvolle Bausteine des menschlichen Glücks. Beziehungslosigkeit führt automatisch zu einem Manko, weil essentielle Bedürfnisse unbefriedigt bleiben.

Der durchschnittliche Mensch nimmt das nicht einfach so hin. Im Idealfall intensiviert er die Suche nach neuen Beziehungen, er sucht Kontakt zu anderen Menschen, erweitert sein soziales Umfeld und arbeitet an seiner Beziehungsfähigkeit. Leider kommt es aber mindestens genauso oft vor, dass Menschen Beziehungsmankos kompensieren. Die Substitutionsprogramme der Verhaltenssüchtigen heißen eben Internet, Einkaufen oder Spielen, manchmal auch Arbeit. Dass solche Strategien der Ersatzbefriedigung den Eindruck erwecken, Beziehungen und das damit verbundene Gefühl von Halt ersetzen zu können, hat mit einem einfachen biologischen Prinzip zu tun.

KLEINE GLÜCKSRÄUSCHE

Unser Gehirn verfügt über ein biologisches Belohnungssystem. Der sogenannte Nucleus accumbens im vorderen Teil des Großhirns soll uns eigentlich motivieren, beschwerliche Dinge zu tun, die überlebensnotwendig sind. Haben wir eine solche Herausforderung bewältigt, schüttet das Belohnungssystem das Glückshormon Dopamin aus. Das Belohnungssystem ist eine komplexe Struktur, an der viele chemische Botenstoffe beteiligt sind. Zur Vereinfachung werde ich im Folgenden immer vom Glückshormon Dopamin sprechen, weil alle Glücksreize letztlich in einem Ausstoß von Dopamin münden. Die Evolution hat sich natürlich etwas dabei gedacht, als sie den Belohnungsmechanismus in unser Gehirn gepflanzt hat. Hätte sie es nicht getan, hätten unsere Steinzeitvorfahren vor den Unwegsamkeiten des Paläolithikums kapituliert und wären lieber in der Höhle vor dem Feuer liegen geblieben, anstatt tagelang durch die Wildnis zu streifen, um Nahrung für das Menschenrudel zu beschaffen. War das Mammut nach mühsamer Pirsch erlegt, gab es das heiß ersehnte Dopamin. Dieses Prinzip war solange zweckmäßig, wie das Überleben eine echte Herausforderung war. Die Knappheit und die komplizierte Beschaffung von überlebensnotwendigen Dingen haben ganz automatisch dafür gesorgt, dass der Dopaminkick nicht alltäglich wurde. Nun haben sich im Laufe der Jahrtausende ein paar Dinge verändert. Das Sozialsystem nimmt uns die schlimmsten Überlebenssorgen ab. Wir finden an jeder Ecke Essen, sauberes Wasser fließt aus dem Wasserhahn und die wilden Tiere jagen nicht uns, sondern wir sie, um sie in Zoos zu sperren oder ihre Köpfe als Trophäen über Kamine zu hängen. Streng genommen brauchen wir keinen Mechanismus mehr, der uns für das Überleben belohnt, weil das Überleben in der Zivilisation zum Spaziergang geworden ist. Trotzdem hat der Mensch noch immer einen Nucleus accumbens, der ihn mit Dopamin belohnt. Das ist ein Problem. Unser Glücksempfinden ist nämlich einem starken Gewöhnungseffekt unterworfen. Eine ständige Berauschung führt zu dem Bedürfnis, die Dosis zu erhöhen, um dasselbe Glücksgefühl wieder und wieder zu empfinden. Doch es kommt noch schlimmer. Der Gewöhnungseffekt schreitet so schnell voran, dass der Ausstoß von Dopamin nicht mehr für ein Glücksgefühl reicht. Stattdessen kann das Dopamin nur mehr die negativen Empfindungen ausgleichen, die das Nichtvorhandensein eines Glücksgefühls auslöst. So etwas nennen wir in der Suchttherapie »Entzug«.

Dass es uns als Gesellschaft so gut geht, führt auf physischer Ebene dazu, dass wir übermäßig mit einem körpereigenen Hormon versorgt sind, dass uns quasi süchtig macht. Unter den Steinzeitmenschen gab es garantiert keine Junkies, weil es eben auch keinen Überfluss von Dopamin-Stimulanzien gab.

Das Belohnungszentrum ist der Quell der Sucht. Opiate, Kokain, Amphetamine, Ketamine, Tetrahydrocannabinol, Nikotin und Alkohol, aber auch Verhaltensformen wie Shoppen, Essen, Computerspielen oder Wetten, sie alle bahnen sich ihren Weg ins Belohnungszentrum und sorgen dort für einen Dopaminkick. Unser körpereigenes Glückshormon Dopamin ist also der Grund, warum Sucht gar kein Minderheitenphänomen sein kann. Es kommt in jedem Körper vor und sät im großen Stil Suchtpotential, ohne Rücksicht auf Herkunft, Geschlecht oder sozialen Status.

So mancher wird sich jetzt fragen, was diese biologische Komponente nun mit Beziehungen zu tun hat, die ich ja als Antrieb für Suchtverhalten identifiziert habe. Die Verbindung lässt sich leicht herstellen.

Erstens. Dass der Mensch in eine Herde gehört, ist eine Überlebensstrategie. Gerade in der Steinzeit hätten unsere Vorfahren ohne den Schutz, die Erfahrung und die Unterstützung anderer Gruppenmitglieder niemals überlebt. Wenn ein Steinzeitmensch also nach Beziehungen gesucht hat, dann war das vom physiologischen Prinzip her genau dasselbe wie die Suche nach Nahrung. Den Dopaminausstoß gab das Belohnungszentrum als Motivationsstütze mit auf den Weg.

Zweitens. Ein Grundspiegel an Dopamin ohne extreme Ausschläge ist absolut zweckmäßig. So ein stabiler Dopaminstatus kommt vor allem bei Menschen vor, die zwischenmenschliche Beziehungen pflegen. Wenn unser Lebensstil typische Beziehungsbedürfnisse wie Sicherheit, Wertschätzung oder Geborgenheit befriedigt, dann wirkt sich das auch positiv auf die Tätigkeit des Belohnungszentrums aus. Dopamin ist dann wie das berühmte tägliche Achtel Rotwein, das angeblich Herz und Kreislauf anregt und auch angenehm beschwipst macht, ohne dass negative Spätfolgen zu befürchten wären.

Sucht ist also eine Übertreibung von etwas ursprünglich Gutem. Ich vergleiche das Prinzip gerne mit der Einnahme von Vitaminen. Eine ärztlich verordnete Dosis Vitamin A wirkt sich positiv auf Haut, Blut und auf den Stoffwechsel aus. Eine Überdosis kann jedoch zu schweren Vergiftungserscheinungen und in besonders schlimmen Fällen sogar zum Tod führen. Alles, was ein Mensch übertreibt, sei es noch so positiv besetzt, schadet ihm also. Das gilt sogar für die von mir so hochgelobten Beziehungen. Wenn ich mich von einer bestimmten Beziehung abhängig mache, also dem Irrglauben aufsitze, ohne diese Beziehung nie mehr Glück empfinden zu können, bin ich genauso auf dem Holzweg wie der Kauf-, Online-, Spiel- oder Drogensüchtige.

Sobald ein Suchtkranker realisiert, wie Sucht funktioniert und woher sie kommt, kann er drei sehr hilfreiche Botschaften verinnerlichen.

Erstens. Der Kern der Sucht ist etwas Gutes, ja sogar ein Überlebensprinzip, das der Süchtige falsch angewandt hat. Die Disposition basiert also nicht auf etwas Schlechtem oder gar Bösem. Diese Erkenntnis gibt Süchtigen ihre Integrität zurück.

Zweitens. Sucht ist kein bizarres Phänomen von Außenseitern. Die Veranlagung dazu schlummert in jedem Menschen, weil jeder Mensch auch über ein Belohnungssystem im Gehirn verfügt. Dass Süchtige somit Teil einer breiten Masse sind, hilft ihnen, Scham zu überwinden.

Drittens. Sucht ist eine Suche, und am Ende einer jeden Suche kann das erhoffte Ziel stehen. Wenn sich ein Süchtiger vor Augen hält, dass er eigentlich nach Beziehungen und nicht nach wahllosen Ausschüttungen von Glückshormon sucht, hat er eine Strategie vor Augen, die über bloße Substituierung hinausgeht.

DIE VERBORGENEN SÜCHTE

Ich halte Sucht nicht für ein Nischenphänomen innerhalb der Psychiatrie, sondern für eine Volkskrankheit, die in einer Reihe mit Diabetes, Herz-Kreislauf-Erkrankungen und Arthrose steht. Jeder Mensch ist potentiell gefährdet, bei vielen hat sich die theoretische Gefahr bereits in eine tatsächliche Krankheit verwandelt. Dass die Sucht so eine steile Karriere hinlegen konnte, verdankt sie auch den Verhaltenssüchten. Verhaltenssüchte sind schwer zu fassen und sie weisen eine Vielzahl an Eigenschaften auf, die sie gleichermaßen faszinierend wie gefährlich machen.

Erstens. Menschen mit Verhaltenssüchten tun im Gegensatz zu den Substanzsüchtigen weder etwas Verbotenes noch treiben sie sich an zweifelhaften Orten herum. Sie kommen viel seltener mit Kriminellen in Kontakt und können deshalb auch viel schwerer von Kontrollinstanzen erfasst werden. Die Verhaltenssüchtigen sind praktisch überall zu Hause und genau deshalb in der Anonymität der Masse unsichtbar. Dies gibt der Verhaltenssucht Raum, Zeit und Macht, um ihre ganze negative Energie zu entfalten.

Zweitens. Verhaltenssüchte sind kein On-Off-Phänomen. In den seltensten Fällen steckt der Verhaltenssüchtige voll in der Sucht oder ist ganz draußen. Natürlich gibt es auch diese Extreme, sie sind aber wesentlich seltener als zum Beispiel bei der Heroinsucht. Der permanente Grenzgang ist deshalb die große Herausforderung im Umgang mit Verhaltenssüchten.

Drittens. Für das Umfeld von Verhaltenssüchtigen ist es viel schwerer, sich von den kranken Mustern der Betroffenen zu emanzipieren. Die Angehörigen eines Heroin-Junkies haben es in dieser Hinsicht leichter. Sie sind Tag für Tag mit einem Lebensstil konfrontiert, der von sozialer Ächtung, körperlichem Verfall und geistiger Umnachtung geprägt ist. Das ist hochgradig abschreckend. Im Gegensatz dazu sind Verhaltenssüchte vollkommen normal. Niemand weicht schockiert zurück, wenn er zum Beispiel auf der Straße einen Kaufsüchtigen mit zehn Einkaufstaschen sieht oder einen Jugendlichen beim stundenlangen Zocken auf einer Spielkonsole beobachtet oder einem Hedgefonds-Manager begegnet, der am selben Tag schon ein paar Millionen verloren hat. Dabei könnten auch hier Hinweise auf Sucht vorhanden sein. Wenn Sucht also so normal ist, vielleicht sind ja auch wir Teil dieser Normalität und haben es nur noch nicht bemerkt?

GESCHÄFTSMODELL SUCHT

Ganze Industrien kämpfen mittlerweile darum, krankhafte Verhaltensmuster in hedonistische Glücksorgien umzudeuten. Niemand würde auf die Idee kommen, einen Schuss auf einer dreckigen U-Bahn-Toilette, psychotische Halluzination im Zuge eines LSD-Rausches, den Leberbefund eines schweren Alkoholikers oder das Lungenkarzinom eines Rauchers als spaßiges Lifestyle-Konzept zu stilisieren. Bei den Verhaltenssüchten sieht das ganz anders aus. Internationale Konzerne kämpfen mit Hilfe ihrer Werbe-, PR- und Lobbying-Agenturen um eine Relativierung der Problematik Verhaltenssucht. Die Ergebnisse dieser Bemühungen können wir Tag für Tag in den Medien beobachten. Wer sich das hundertste Paar Schuhe kauft und dabei sein Konto um ein Vielfaches überzieht, »schreit vor Glück«. Wer sieben Tage am Stück mit keiner Menschenseele spricht und nur vor dem Computer sitzt, hat immer noch 2435 »Freunde«. Wer bei einer Wette während des Champions-League-Finales in der Millisekunde, die ein Mausklick dauert, einen Tausender verliert, kann sich damit trösten, dass das Leben eben »ein Spiel« ist.

Die Wahrheit ist, dass all diese Menschen an Süchten leiden, die die Marketingabteilungen großer Konzerne geschickt vertuschen und als Verkäufer ebenso geschickt bedienen. Wer sich also mit Verhaltenssüchten auseinandersetzt, kämpft nicht nur gegen eine Krankheit, sondern auch gegen eine ökonomische Großmacht, die sehr gut mit einer Armada von Süchtigen leben kann, so wie früher die Alkohol- und Tabakindustrie.

DIE OHNMACHT GEGENÜBER VERHALTENSSÜCHTEN

Eine Verhaltenssucht erfordert keine bestimmte Substanz. Sie erfordert, wie der Name schon sagt, ein bestimmtes Verhalten. Einem Alkoholiker könnte ich eine bestimmte Dosis Alkohol in die Vene spritzen und seine Sucht wäre bis zum nächsten Entzug befriedigt. Bei Verhaltenssüchten ist diese sehr physische Form von Suchtbefriedigung unmöglich, da der Stoff, nach dem Süchtige gieren, in ihren Verhaltensmustern steckt. Es wäre ein fataler Irrglaube, dass Kaufsüchtige nach Schuhen, Spielsüchtige nach Geld und Online-Süchtige nach Internetseiten süchtig sind. Die Opfer solcher Süchte sind von Verhaltensmustern abhängig, die an das Kaufen, das Spielen und das Surfen gekoppelt sind. Das macht den Kampf gegen Verhaltenssüchte besonders schwierig.

Die Akteure der Gesundheitspolitik zeichnen sich durch totale Überforderung aus, wodurch sich das wachsende Problem der Verhaltenssüchte weiter verschärft.

Erstens. Ich beobachte eine flächendeckende Ignoranz gegenüber Verhaltenssüchten wie der Kaufsucht oder der Internetsucht. Derzeit wagt es noch niemand, die Bekämpfung dieser Zivilisationskrankheiten auf die tagespolitische Agenda zu hieven. Hinter der Vogelstrauß-Taktik vermute ich Angst. Angst davor, von der Öffentlichkeit als wirtschafts-, technologie- oder gar demokratiefeindlich eingestuft zu werden.

Zweitens. Politik ist oft von Fehleinschätzungen getrieben. Eine dieser Fehleinschätzungen besteht darin, anzunehmen, dass Wetten kein Glücksspiel sei. Wir wissen mittlerweile aus mehreren Studien, dass Glücksspielsucht und Wettsucht medizinisch ein und dasselbe Phänomen sind. Dennoch fühlen sich viele Politiker bemüßigt, Wetten als Geschicklichkeitssport zu klassifizieren, mit dem Argument, dass der Spieler einen Einfluss auf die Wahrscheinlichkeit des Gewinnes hätte. Die Wettsucht wütet also als politisch legitimiertes Phantom, das von den sehr strengen Schutzmechanismen diverser Glücksspielgesetze befreit ist.

Immer wieder muss ich mit Vertretern aus Wirtschaft und Politik über die psychologische Funktionsweise des Wettens diskutieren. Interessanterweise zieht diese Thematik viel eher, als wenn ich mich über Kaufsucht oder die Sucht nach Computerspielen unterhalten will. Im Zuge solcher Unterhaltungen erzähle ich von einem Experiment, bei dem selbsternannte Fußballexperten und völlige Laien über einen gewissen Zeitraum auf exakt dieselben Spiele gesetzt haben. Am Ende konnten die Wissenschaftler klar feststellen, dass die »Experten« nicht signifikant mehr Gewinn erzielt hatten als die Laien. Für hochspekulative Börsengeschäfte wurde eine ähnliche Untersuchung durchgeführt. Die Laien waren in diesem Fall sogar Kinder. Das Ergebnis war das gleiche. Die Kinder hätten genauso viel gewonnen oder verloren wie die Börsianer. Im Unterschied zu Glücksspiel- und Wettkonzernen wäre es bei der Börse ungerecht, die gesamte Institution kategorisch als Pool für Verhaltenssüchte zu bezeichnen. Grundsätzlich ist an dem Handel von Unternehmensanteilen und Anleihen nichts auszusetzen. Ein börsennotiertes Unternehmen steht in wechselseitiger Beziehung zu den Anlegern und muss über Strategien, Managemententscheidungen und Geschäftsentwicklungen berichten. Wer sich auskennt, kann hier sein Handeln im Rahmen von Geschäftsbeziehungen steuern. Ganz anders ist der Sachverhalt bei hochspekulativen Finanzprodukten. Spekulation dient nicht der nachhaltigen Anlage, sie befasst sich ausschließlich mit der Voraussage von Preisveränderungen, um daraus Gewinn zu erzielen. Die Spekulation ist somit eine nahe Verwandte der Wette, sie betrifft sogar per Definition Finanzprodukte, die nichts anderes als Wetten auf Entwicklungen am Währungs- und Rohstoffmarkt sind. Spekulation ist daher für meine Begriffe als Suchtexperte ein reines Glücksspiel. Akteure, die sich in diesem Segment bewegen, sind damit für mich hochgradig gefährdet, in Verhaltenssüchte zu kippen. Ich würde sogar so weit gehen und den Kanon der Verhaltenssüchte um den Begriff der Spekulationssucht erweitern.

DIE KRANKEN FINANZJONGLEURE

Kriminalfälle wie der Bawag-Skandal oder die Causa rund um den Milliardenbetrüger Bernard Madoff legen den Verdacht nahe, dass sich Verhaltenssüchte im Finanzmilieu vor allem auf die Hochfinanz konzentrieren. Eine solche Zuordnung ist bequem, weil sie das Problem aus dem Alltag wegschiebt und in den Einflussbereich von internationalen Finanzmarktaufsichten und hochspezialisierten Staatsanwälten verlagert. Doch das Spielen mit dem Geld anderer – und nichts anderes ist exzessives Spekulieren – existiert auch in den Niederungen des Finanzwesens.

Ich habe einmal einen Banker in der Glücksspielambulanz betreut, der eine ganz kleine Bankfiliale auf dem Land leitete. Als Provinzdirektor waren ihm drei Mitarbeiter unterstellt, die vorwiegend Girokonten, Spareinlagen und kleinere Kredite für Bewohner umliegender Dörfer verwalteten. Der Filialleiter kam zu uns, weil er mit Hochrisikospekulationen mehrere hunderttausend Euro verzockt hatte. Sein marodes Investment-System war kurz vor dem Auffliegen, der Druck wurde jeden Tag größer und nun suchte der glücklose Finanzjongleur nach irgendeinem Ausweg.

Ich habe bereits erwähnt, dass Sucht nichts anderes ist als Suche nach Beziehung. Bei dem Filialleiter war dieses Prinzip unverkennbar. Er hatte das Spielgeld, mit dem er seine riskanten Spekulationsgeschäfte finanzierte, nicht aus Gier eingesammelt. Er wollte sich nicht bereichern. Sein Weg in die Verhaltenssucht führte über die Anerkennung, die er in Geschäftsbeziehungen fand. Einige Dorfbewohner hatten ihn nach einem lustigen Abend am Stammtisch privat kontaktiert, weil sie ihn in seiner Funktion als Bankdirektor für einen echten Vollprofi hielten.

»Du kennst dich sicher super aus mit Veranlagung und Aktien. Als Filialleiter bist du ja quasi ein Börsenexperte. Wir pfeifen auf

Sparbücher. Möchtest du unser Geld nicht privat veranlagen? Bevor wir die Provisionen der Bank in den Rachen werfen, geben wir sie lieber dir. Außerdem ist das alles viel unbürokratischer.«

Die Provisionen, die er nun privat einstreichen konnte und mit denen er sich wegen Untreue schuldig machte, waren dem ländlichen Filialleiter vollkommen egal. Er fühlte sich geschmeichelt. Dass ihn jemand als Veranlagungs- und Börsenexperte sah und ihm gerade bei einer heiklen Angelegenheit wie dem eigenen Ersparten vertraute, tat ihm gut. In den Beziehungen zu seinen Privatinvestoren fand der Filialleiter Wertschätzung. Sie gaben ihm das berufliche Selbstvertrauen zurück, das durch hunderte 08/15-Sparbücher mit Dreijahresbindung und lachhaften 1,375 Prozent Zinsen in den Keller gerasselt war. Der Filialleiter nahm das Geld und investierte. Am Beginn seiner Tätigkeit stand eine Erfahrung, die den Anfang vieler Glücksspielkarrieren markiert. Der Filialleiter schrieb mit seinen Finanzentscheidungen erfreuliche Gewinne. Sein Verhalten brachte also Belohnung. In Form von Anerkennung, Zuspruch und intensivierten Beziehungen. Nun hätte er aussteigen können. Die Mission war erfüllt, das Geld vermehrt. Doch der Filialleiter sehnte sich nach dem Glücksgefühl, das mit seinem Erfolg einhergegangen war. Also machte er weiter. Und verlor alles. Die Verluste seiner Freunde wären noch nicht so tragisch gewesen. Es handelte sich insgesamt um eine mittlere fünfstellige Schadenssumme, die sich auf mehrere Personen verteilte. Die Sehnsucht nach dem Glücksrausch gepaart mit der Angst, innerhalb der Dorfgemeinde geächtet zu werden, ließ den Filialleiter eine fatale Entscheidung treffen. Er griff in die Kassen der ihm anvertrauten Bank und veruntreute Kundengelder. Bis dahin war er ein völlig unbescholtener Mann gewesen, doch von einem Tag auf den anderen befand er sich im Mittelpunkt eines Kriminalfalls. Dabei entsprach er so gar nicht dem Klischee des gierigen Börsenzockers. Der Filialleiter wollte einfach nur seine Stellung im Rudel, sein Glück stiftendes Beziehungskonstrukt erhalten. Fortan agierte er nicht mehr als Finanzexperte, sondern als getriebener Spieler. Jeder Verlust führte zu weiteren Malversationen, die er vor sich selbst als kleine Mitarbeiterkredite rechtfertigte. Die Selbstlüge ging sogar so weit, dass er sein Treiben auch als Gefallen an seinen Arbeitgeber, der Bank, uminterpretierte. Er wollte eben Gewinne erwirtschaften und bediente sich dabei – wie alle »großen Investmentexperten« – unkonventioneller Methoden. Erst als sich die Schadenssumme in Richtung Million bewegte und die ersten Privatinvestoren unbequeme Fragen stellten, gestand sich der Filialleiter sein Problem ein. Er kam zu mir, noch bevor irgendjemand den Betrug aufgedeckt hatte. Solche juristischen Grauzonen in einer Glücksspieler-Biografie stellen mich immer vor große Herausforderungen. Bevor ich Suchtberater sein kann, muss ich zuerst als Lebensberater helfen. Denn die Süchtigen können in dieser Phase noch nicht an Heilung denken, sie sind präokkupiert. Sie müssen zuerst das Chaos in ihrer Existenz beseitigen, damit sie sich auf die Therapie einlassen können. Wer nur daran denkt, wie er den ganzen Irrsinn seinem Arbeitgeber, den Freunden, dem Dorfpfarrer oder dem Untersuchungsrichter beichtet, wie er strafrechtliche Konsequenzen minimiert und seine Existenz irgendwie rettet, will mit Gruppentherapie und Einzelgesprächen nichts zu tun haben. Das wäre, wie wenn ich einem Verhungernden sage, er solle nicht an Essen denken, sondern an die Möglichkeiten der Selbstversorgung durch Anbau und Viehzucht.

Bei einer Erstkonsultation muss ich also zunächst die Beseitigung ganz praktischer Probleme in Angriff nehmen. In den meisten Fällen von Spielsucht reicht ein Anruf bei der Schuldnerberatung. Beim veruntreuenden Filialleiter war die Sache wesentlich komplizierter.

Mein juristisches Laienwissen sagte mir, dass es wohl am besten sei, eine Selbstanzeige zu machen. Doch bevor ich in diese Richtung argumentieren konnte, musste ich erst für mich klären, ob mir die Äußerung eines derartigen Ratschlags als Mediziner überhaupt zusteht. Schlussendlich begnügte ich mich mit dem Hinweis, er solle unbedingt einen Rechtsanwalt konsultieren, was er hoffentlich getan hat. Nach zwei Mal kam der Filialleiter nicht mehr zu mir und ich konnte ihn auch nicht erreichen. Ich wünsche ihm, dass die Geschichte ein glimpfliches Ende genommen hat.

SUCHTMASCHINE INTERNET

Eigentlich gehen sie mir auf die Nerven, diese Apologeten der »guten alten Zeit«, in der es noch keine Computer und kein Internet gab. Wenn Wissenschaftler die organischen Folgen des digitalen Medienkonsums aufgreifen und dafür die entsprechenden Medien zur Rechenschaft ziehen, halte ich das für eine Übertreibung. Das wäre genauso, wie wenn ein Neurologe Veränderungen im visuellen Cortex der Großhirnrinde beklagt und dafür den Übergang von der Höhlenmalerei zur Schrift verantwortlich macht. Gewisse gesellschaftliche und technische Veränderungen sind irreversibel. Gemeinhin nennt man so etwas Evolution, und jeder Evolutionsschritt bringt eben auch Veränderungen der Kulturtechniken mit sich. Der richtige Ansatzpunkt wäre meiner Meinung nach eine Medienkompetenz, die unseren Kindern und Jugendlichen bewusst vorenthalten wird. Entweder weil wir Erwachsenen nicht verstehen, worum es bei diesen neuen Internetphänomenen eigentlich geht und deshalb auch keine angemessene Nutzung vorleben können, oder aber weil wir zu jener Gruppe findiger Unternehmer gehören, die von der unkontrollierten Nutzung des Internets massiv profitiert. Hier finden wir den Kern dieser Suchtproblematik. Die viel zitierten »Neuen Medien« sind nicht die Ursache für krankhafte Veränderungen in unserer Gesellschaft. Das, was uns krank macht, ist die Art und Weise, wie wir diese Medien nutzen. Da der Prozess der Medienrevolution nicht umkehrbar ist, macht es auch keinen Sinn, die digitalen Medien als Problem anzusehen. Wir müssen darüber nachdenken, welche Nutzungsmechanismen unsere Kinder und Jugendlichen von einer gesunden Entwicklung abhalten.

Ich behaupte, dass ein Großteil der Probleme, die wir gemeinhin mit digitalen Medien assoziieren, mit dem sehr jungen Phänomen der Internet- beziehungsweise Online-Sucht zu tun hat. Experten wie der Psychiater und Buchautor Manfred Spitzer beklagen zu Recht, dass junge Menschen mit Aufmerksamkeitsstörungen, Ängsten, Schlafstörungen, Übergewicht, Gewaltbereitschaft und sozialem Abstieg zu kämpfen haben. Dafür die digitalen Medien verantwortlich zu machen, ist aber genauso, wie wenn wir dem Buchdruck die Schuld dafür geben würden, dass Hitler »Mein Kampf« geschrieben hat. Es geht nicht um das Medium, sondern um die Nutzung des Mediums.

Genauso wie die Konsumgüterindustrie haben die Unternehmen des World Wide Web gelernt, dass die menschliche Suche nach Beziehungen die perfekte Methode ist, um User an sich zu binden. Beinahe jede neue Geschäftsidee im Internet ist an einen sozialen Netzwerk-Gedanken geknüpft, der die Sehnsucht nach Beziehungen in eine Sucht nach Online-Angeboten umwandelt. Die Erfüllung des Beziehungswunsches bleibt trotz der neuen Online-Beziehungen auf der Strecke, weil es sich oft nur um Pseudobeziehungen durch Pseudokommunikation handelt, die dem realen Leben nicht standhalten.

Bei jungen Männern beobachte ich dieses Phänomen vor allem bei Online-Rollenspielen wie *World of Warcraft*. Junge Frauen tendieren eher dazu, Internet-Verhaltenssüchte auf Social Networks wie *facebook* auszuleben.

Der rasante Anstieg der Online-Süchte hat auch mit der Ausdehnung des virtuellen Raums zu tun. Was früher in einem kleinen Bildschirm auf einem verkabelten Arbeitsplatz gefangen war, hat mittlerweile die gesamte Unterhaltungselektronik von Smartphones und Tablets über Fernseher und Stereoanlagen bis hin zu Spielkonsolen und Digitalreceivern erobert. Online ist überall dank mobiler Flatrates, WLAN und Hotspots. Auf diese Weise ist der Kontrollverlust, der jede Sucht prägt, nur einen Griff in die Hosentasche entfernt. Aufgrund der extremen Dynamik der Online-Angebote versagen auch die Kontrollinstanzen. Viele Eltern, die ohne die Möglichkeiten des Internets aufgewachsen sind, beschränken sich auf die Vorgabe, dass der Computer vor dem Schlafengehen abgedreht sein muss. Dass sich die Kinder und Jugendlichen dann bereitwillig ins Bett legen, um ihre pseudosozialen Online-Beziehungen via Smartphone zu pflegen, entzieht sich der elterlichen Kenntnis.

Mit der Zahl an internetfähigen Geräten steigt auch die Zahl der internetsüchtigen, die mich in der Suchtambulanz aufsuchen. Die daraus resultierenden Herausforderungen sind nicht nur logistischer Natur. Wir müssen mehr Betreuungsplätze, mehr Raum und mehr Personal bereitstellen. Was aber noch viel schwerer wiegt, ist der Umstand, dass die jugendlichen internetsüchtigen die soziologische Durchmischung von Suchterkrankungen komplett auf den Kopf stellen. Die Kinder- und Jugendpsychiatrie ist eigentlich nicht auf Sucht spezialisiert, während die Suchtpsychiatrie noch relativ wenig Erfahrungswerte mit kindlichen und jugendlichen Süchtigen vorweisen kann. Diese strukturellen Probleme nutzt die Internetindustrie konsequent aus, um die Lebenswelt von jungen Menschen bis ins letzte Detail zu okkupieren. Mit mobilen Applikationen sorgt sie dafür, dass jeder organisatorische Schritt von einer digitalen Anwendung vorgedacht wird. Der rationale Nutzen ist dabei nur ein Trojanisches Pferd, das den User in eine Welt voll pseudosozialer Angebote lockt. Jeden Ort, den der User anpeilt, kann er auf sozialen Netzwerken mitteilen und mit den Standorten seiner Pseudofreunde abgleichen. Jede Kaufentscheidung und jeder Handlungsschritt sind von Bewertungen und Kommentaren der Community gesäumt und gleichzeitig mit den Informationen der diversen Online-Profile verwoben. Der User zockt in der Straßenbahn und trifft dabei auf echte Gegner im virtuellen Raum, er hört einen guten Song und lässt sich anzeigen, was andere User, denen dieser Song ebenfalls gefällt, im iTunes-Store noch so heruntergeladen haben. Alles ist auf eine Bündelung von ökonomischen, sozialen und intellektuellen Ressourcen ausgelegt, die sich im Gewand eines funktionierenden Soziallebens präsentiert.

Dass ausgerechnet Kinder und Jugendliche für solche Angebote anfällig sind und in entsprechende Verhaltenssüchte schlittern können, entspricht der psychosozialen Dynamik dieser Altersgruppe. Das Modelllernen ist noch lange nicht abgeschlossen, gleichzeitig streben junge Menschen aber nach Emanzipation von ihrem familiären Umfeld. In solchen Situationen zeigen sich die omnipräsenten Online-Angebote als soziale Koordinatensysteme, als neue, viel coolere Sozialisationsinstanzen, die Halt und Orientierung geben. Dass solche Koordinatensysteme niemals uneigennützig sind, sondern an diverse ökonomische Verdienstmodelle gekoppelt sind, steht in keinen AGBs und in keinen FAQ-Rubriken.

Die Dotierung unserer Abteilung ist nicht auf die Behandlung von jugendlichen Internetsüchtigen ausgelegt, weil Internetsüchte noch nicht als Krankheit anerkannt sind. Dabei wäre es höchste Zeit, Mittel umzuschichten. Das sieht auch der Drogen- und Suchtbericht 2012 der Deutschen Bundesregierung so. In einem Artikel auf der Internetplattform der deutschen Wochenzeitung *Spiegel* heißt es dazu:

Jugendliche greifen in Deutschland zwar seltener zu Flasche, Zigaretten oder Joint – insgesamt haben aber Millionen Bundesbürger erhebliche Suchtprobleme. Ein großes Risiko sieht der neue Drogen- und Suchtbericht der Bundesregierung in Glücksspielautomaten. Drogenbeauftragte Mechthild Dyckmans (FDP), die den Bericht am Dienstag vorstellte, zeigte sich zudem besorgt über den »exzessiven oder pathologischen Computerspiel- und Internetgebrauch bei Jugendlichen und jungen Erwachsenen.«

Im Gesundheitssystem ist man von solchen Erkenntnissen noch weit entfernt, zumindest offiziell. Dennoch engagieren wir uns in der Landesnervenklinik Wagner-Jauregg im Bereich der Internetsüchte. Das hat vor allem gesellschaftspolitische Gründe. Als Suchtexperte bin ich nämlich der Meinung, dass Internetsüchte eine ganze Generation nachhaltig schädigen. Das Problem ist nur, dass wir die Zeitgenossen dieser Generation noch brauchen werden. Als Arbeitskräfte, Steuerzahler, Innovatoren und als soziales Sicherheitsnetz. Doch zu all dem wird der internetsüchtige Nachwuchs nicht fähig sein, weil die Sucht jegliche, auf das Allgemeinwohl ausgerichtete Kompetenzen auf Dauer erstickt.

DAS ENDE DER PERSÖNLICHEN ENTWICKLUNG

Wenn ich zum Beispiel eine 40-jährige Kaufsüchtige behandle, hat sie in der Regel schon eine Ausbildung absolviert und ist einer geregelten Arbeit nachgegangen. Die erfolgreiche Behandlung der Kaufsucht ist das Rückfahrtticket in ein normales Leben. Bei einem Jugendlichen, der zum Beispiel in eine schwere World-of-Warcraft-Sucht gerutscht ist, hinterlässt die Suchtkrankheit verbrannte Erde. Sie schlägt nämlich in einer Phase zu, in der ein junger Mensch die wichtigsten Weichenstellungen für sein Leben vornimmt. Ich möchte einen kurzen Überblick über die möglichen Konsequenzen einer Internetsucht im jugendlichen Alter geben, wobei ich von einem Worst-Case-Szenario ausgehe.

Erstens. Der Jugendliche fliegt von der Schule oder verliert seine Lehrstelle, weil er das Gefühl hat, jede freie Minute in Online-Zeit investieren zu müssen. Autoritätspersonen wie Lehrer, Ausbilder oder Eltern treten in den Hintergrund, weshalb die Androhung von Konsequenzen irrelevant wird. Es zählt nur mehr das Diktat der Online-Community, egal ob es sich um ein Social Network, um World-of-Warcraft-Teams oder facebook-Games handelt. Und dieses Diktat lautet: Widme mir Zeit und Aufmerksamkeit, am besten 24 Stunden am Tag, sieben Tage die Woche, 365 Tage im Jahr.

Zweitens. Die Sucht okkupiert psychosoziale Entwicklungsressourcen. Sie ergreift Besitz von jenen Lernregionen im Gehirn, die sich eigentlich dem Erwerb von sozialen, intellektuellen, beruflichen und körperlichen Fertigkeiten widmen sollten. Kommt der Internetsüchtige im Alter von zwanzig zu mir, ist es viel schwieriger, ihn zu behandeln, weil sich die Sucht schon so früh im Hirn festgesetzt hat. Die Konsequenzen sind nicht nur psychologischer, sondern auch biochemischer Natur. Jugendliche entwickeln besonders schnell ein ausgeprägtes Suchtgedächtnis, das nach Dopamin, nach körpereigenen Suchtstoffen wie Endorphin und anderen natürlichen Glücksbringern giert. Die tiefe Verankerung im Suchtgedächtnis in Jugendtagen erhöht auch die Suchtbereitschaft. Ein winzig kleiner Reiz wie das Klicken einer Maustaste oder das Geräusch, wenn ein Spieler in einem Ego-Shooter auf den Feind schießt, kann dann schon reichen, um das Suchtgedächtnis zu aktivieren. Eine derartig hohe Sensibilität für Suchtverhalten führt dazu, dass Süchtige, die bereits in Jugendtagen mit Abhängigkeit kämpfen, ein besonders flexibles Suchtverhalten an den Tag legen. Sie sind also besonders anfällig für Suchtverschiebungen. Eben weil sich Süchte wie die Internetsucht organisch einbrennen und das Denken und Handeln junger Menschen beeinflussen, gehe ich für die Zukunft von einem massiven Ressourcenproblem aus. Wir müssen nicht nur eine Armada von jugendlichen Internetsüchtigen behandeln, sondern sind auch mit einer Generation konfrontiert, die viel öfter und wahrscheinlich mehrmals im Leben Suchtberatung in Anspruch nehmen muss, weil sie physiologisch auf Sucht konditioniert ist.

Drittens. Im Zuge der Behandlung von Online- und Internetsüchten kämpfen wir mit tiefgreifenden Perspektivenproblemen. Den meisten erwachsenen Süchtigen kann ich einige greifbare Vorteile aufzählen, die sich sofort nach Bewältigung der Sucht einstellen. Gesundheitliche Parameter wie Blut-, Leber- oder Lungenwerte pendeln sich auf ein gesundes Maß ein, Familien finden zueinander, Ehepartner kehren oft zurück, Berufe können wieder ausgeübt werden. Ein Jugendlicher muss sich aber erst ein Leben erarbeiten, in das es sich lohnen würde, zurückzukehren. Der Zwanzigjährige, der von seiner World-of-Warcraft-Sucht befreit wird, hat das Schwierigste noch vor sich. Er muss eine Ausbildung nachholen, ein soziales Netz aufbauen, einen Job suchen. Er muss an den Entwicklungsstand anknüpfen, den er hatte, bevor er sein Leben an die Sucht verloren hat. Bildlich gesprochen muss ein Zwanzigjähriger mit überwundener Internetsucht sich noch einmal durch das Leben eines Teenagers kämpfen. Das bringt Frust, schmälert die Motivation und spielt der ohnehin schon überdurchschnittlichen Suchtbereitschaft in die Karten. Mehr als in den meisten Bereichen der Suchtbehandlung kämpfen wir bei Jugendlichen mit enormen Rückfallquoten. Dass es sich bei der Internetsucht um eine Abhängigkeit handelt, der ein Mensch in jedem McDonalds mit Internet-Hotspot nachgehen kann, macht die Sache noch komplizierter.

Viertens. Ein Heroinsüchtiger war in der Zeit seiner Abhängigkeit ein Niemand. Er hat auf der Straße gelebt oder mit anderen Süchtigen in einer billigen Absteige gehaust, hat seinen Stoff auf öffentlichen Toiletten und Parkbänken konsumiert und stets den Zugriff der Polizei gefürchtet. Sogar der Trinker muss wegen den körperlichen Randerscheinungen seiner Sucht immer wieder schiefe Blicke ertragen, ganz zu schweigen vom Glücksspielsüchtigen, dessen Konsumationsplätze in kleinen Straßenlokalen, Tankstellen und Wettcafés alles andere als angesehen sind. Beim Internet-Junkie, der seine Sucht auf Plattformen wie *World of Warcraft* und *facebook* auslebt, fällt die Öffentlichkeit als Spiegel des eigenen Verfalls weg. Im Gegenteil, dort wo sich diese Jugendlichen herumtreiben, sind sie jemand. Wie groß die Wertschätzung innerhalb der jeweiligen Community ist, lässt sich anhand sozialer Fantasiewährungen erkennen. facebook-Süchtige sammeln »Friends« und »Likes« und ziehen daraus ihre Illusion von Status und sozialer Bedeutung. In sogenannten Massen-Mehrspieler-Online-Rollenspielen wie zum Beispiel *World of Warcraft*, sind es martialische Symbole wie virtuelles Gold, Erfahrungspunkte oder bewältigte »Quests«, die über Sein oder Nichtsein entscheiden. Das macht die Online-Sucht zu einer so schwer zu behandelnden und langwierigen Sucht. Wenn ich Internetsüchtige im Rahmen der Psychoedukation darauf hinweise, dass es in Wahrheit die Suche nach Beziehungen ist, die die Verhaltenssucht am Laufen hält, argumentieren die Internetsüchtigen dagegen.

»Auf der Suche nach Beziehungen bin ich erst jetzt«, erwidern sie. »Im Netz war ich ein wichtiger Bestandteil der Community, dort hatte ich viele Beziehungen. Wenn ich mal ein paar Minuten offline war, haben die Leute sofort nachgefragt, wo ich bin.«

Zu vermitteln, dass genau diese Pseudobeziehungen das Suchtmilieu sind, von dem sich der Patient fernhalten soll, ist sehr schwer zu bewerkstelligen. Nicht umsonst hat sich beim Web 2.0 der Begriff des »Second Life« etabliert. Keine Verhaltenssucht suggeriert soziale Normalität so perfekt wie die Internetsucht und ist dabei genauso asozial wie Heroin und andere Substanzsüchte.

DIE SUCHTSEUCHE »WORLD OF WARCRAFT«

Ich habe nun schon öfter auf das Phänomen *World of Warcraft* hingewiesen. Dafür gibt es einen bestimmten Grund. Keine andere Plattform hat das Problem der Internetsucht so dramatisch in mein Bewusstsein gespült wie dieses Online-Spiel. An dieser Stelle werden sich jetzt viele fragen, warum ich exzessives World-of-Warcraft-Zocken als Internet- und nicht als Spielsucht klassifiziere. Die Erklärung ist relativ simpel. Die Faszination des Spiels und der daraus resultierende Dopaminkick speisen sich nicht aus dem Setzen auf bestimmte Ergebnisse oder aus der Hoffnung auf einen Riesengewinn. In *World of Warcraft* haben die Entwickler der Firma Blizzard ein perfektes Surrogat für die Echtwelt entwickelt, in dem das Spielerlebnis nur der Mantel für eine scheinbar grenzenlose Rudelerfahrung ist. Ich behaupte, dass die Spielmechanismen von *World of Warcraft* perfekt auf Suchtkarrieren abgestimmt sind. Warum? Weil das, was bei Kunden Sucht ist, auf Unternehmensseite »Kundentreue« heißt. Wie weit diese Treue gediehen ist, zeigt eine kleine Online-Recherche. *World of Warcraft* steht im »Guinness Buch der Rekorde« als beliebtestes Multiplayer-Online-Rollenspiel der Welt. Kolportiert wird ein Jahresumsatz von rund einer Milliarde Dollar, der sich aus rund 10 Millionen Abonnenten, je nach aktuellen Trends ein bisschen mehr oder ein bisschen weniger, speist. Das Geschäftsmodell basiert auf monatlichen Abonnement-Zahlungen, die sich in Euro je nach Mindestlaufzeit zwischen 10,99 und 12,99 bewegen. Zusätzlich lässt sich *World of Warcraft* allerlei Extra-Gimmicks wie Charaktertransfers und »Rundum-Charakteranpassungen« bezahlen. Der Ausdruck »Charakter« in der Namensgebung unterstreicht das perfide Kalkül der Spielemacher. Alles zahlt in die Illusion eines funktionierenden sozialen Gefüges ein, deshalb geht es um »Charakter«, »Talente«, »Erfahrungspunkte« und ähnliche »weiche« Begrifflichkeiten aus dem Reich der realen Zwischenmenschlichkeit. Wie gut das Bild des harmlosen Entertainments mit sozialem Mehrwert gezeichnet ist, veranschaulicht die Akzeptanz von *World of Warcraft* in der Mehrheitsgesellschaft. In einer 2008 erschienenen Werbekampagne stellten sich Berühmtheiten wie Jean-Claude Van Damme, Ozzy Osbourne oder Thomas D als Testimonials zur Verfügung. Sozialisationsinstanzen aus dem Popgeschäft verbündeten sich mit den Sozialisationsinstanzen des Internets, um das Verhalten junger Menschen zu beeinflussen. Der Jugendsender GIGA widmete dem Spiel sogar eine eigene Show, die sich nach den Initialen von *World of Warcraft* »WOW« nannte.

Wenn ich solche vermeintlichen Erfolgsparameter lese, sehe ich keine Erfolgsstory des Web 2.0, sondern eine weltumspannende Kommerzmaschine, die Suchterziehung zum integralen Bestandteil des Unternehmenserfolgs gemacht hat. Die Suchtkarrieren, die daraus entstehen, verlaufen allesamt recht ähnlich.

Phase eins. Der Jugendliche fängt an zu spielen. Seine anfänglichen Versuche in der Parallelwelt von *World of Warcraft* basieren auf einem »Freimonat« und bewegen sich meistens in einem akzeptablen Zeitrahmen. Die Entwickler haben kein Interesse daran, durch radikale Einschnitte in den Alltag aufzufallen. Anders als der erste Schuss Heroin, der so einen gewaltigen Dopaminausstoß verursacht, dass das Belohnungszentrum denkt, nie mehr ohne den Stoff auskommen zu können, schleichen sich Internetsüchte eher subtil in das Leben der Betroffenen. Würde ein Jugendlicher gleich einmal fünf Tage durchspielen und drei Schularbeiten versieben, hätte das Umfeld alle Veranlassung, sofort zu reagieren und die neue Online-Leidenschaft im Keim zu ersticken. Deshalb setzt ein Spiel wie *World of Warcraft* auf den Faktor Geduld und hat damit meistens Erfolg.

Phase zwei. Mit zunehmenden Aufenthalten erschließt sich dem Spieler die Faszination von *World of Warcraft*. Er holt sich die ersten Dopaminkicks durch spannende Abenteuer, die er in der Online-Welt erlebt. Was aber noch viel wichtiger ist: Das Spiel gewöhnt ihn an die soziale Dimension der Parallelwelt. Das tut es nicht, indem es ihm einfach Allianzen oder Echtzeit-Kommunikation mit anderen Spielern aufs Auge drückt. *World of Warcraft* gibt den Spielern zunächst das, was sich alle Menschen von Beziehungen wünschen, nämlich Empathie und Wertschätzung. Diese Empathie und Wertschätzung zeigt sich darin, dass keinem Spieler eine standardisierte Spielstrategie aufgezwungen wird. So gut wie jeder kennt Klassiker wie »Super Mario«, die es bereits auf dem Gameboy gab. Damals bastelten die Spieleentwickler einen stringenten Weg vom ersten bis zum letzten Level. Je nach Geschicklichkeit und Zeit bewältigten die Spieler mit dem untersetzten Mario oder seinem dünnen Bruder Luigi die Levels in unterschiedlicher Geschwindigkeit. Irgendwann hatte aber jeder den großen Gegner im Schlusslevel besiegt und das Spiel war damit mehr oder weniger erledigt. Der Gameboy wanderte für einige Zeit in die Schublade und die genervten Eltern konnten aufatmen. So funktioniert *World of Warcraft* eben nicht. Das Spiel beinhaltet eine unendliche Anzahl an Möglichkeiten, ein Perpetuum mobile, das kein eindeutiges Ziel und keinen klar umrissenen Weg dorthin kennt.

Wie das Spiel verläuft, welche Wendungen es nimmt und wo die Zielsetzungen sind, kommt ganz auf den Spieler an. Das meine ich mit Empathie und Wertschätzung. Das Spiel sagt:

»Du bist mehr der forschende Typ? Das ist voll okay. Dann wähle eine eher defensive Strategie und entdecke einfach die spannenden Facetten Azeroths, erforsche die Kontinente Kalimdor und die Östlichen Königreiche, und wenn du dann noch Lust hast, kannst du ja in Pandaria vorbeischauen.

Oder bist du doch eher ein Kämpfer? Auch okay, dann entscheide dich möglichst schnell, ob du zur Allianz mit ihren Menschen, Nachtelfen und Gnomen oder zur Horde mit blutrünstigen Jägern, Rittern und Todesrittern gehören willst. Am besten wäre es, wenn du mit anderen Spielern eine Gilde bildest. Dann könnt ihr euch gleich ins Getümmel werfen.

Aber vielleicht bist du auch ein leidenschaftlicher Sammler? Dann kannst du dich ja in ein Quest stürzen, wo du vor allem Ausrüstungsgegenstände und Items suchst.«

World of Warcraft sagt: »Egal wie du bist und was du gerne tust, es ist okay, wir haben für dich das passende Angebot.« Das ist nichts anderes als ein Beziehungsangebot, das viele Jugendliche gerne annehmen. Auf diese Weise entwickelt *World of Warcraft* eine unwiderstehliche Faszination, mit der Lateinaufgaben, nervige Erwachsene und Liebeskummer nicht mithalten können. Dass sich der Jugendliche aber all diesen Unwegsamkeiten entzieht, ist die große Krux der Internetsucht. Ein Jugendlicher müsste lernen, den Alltagsfrust auszuhalten, beziehungsweise ihn durch zwischenmenschliche Strategien zu bewältigen. Wenn er nicht zu den Coolsten der Schule gehört und sich bei den Mädchen immer wieder eine Abfuhr holt, wäre es gesund, sich Strategien zu überlegen, wie dieses Problem im realen Alltag zu lösen wäre. Das Problem wäre also Ausgangspunkt einer wertvollen Entwicklung, indem der Jugendliche sich bemüht, attraktiver zu wirken oder verborgene Qualitäten besser auszuspielen. Am Ende dieses Prozesses ist er vielleicht noch immer nicht der attraktivste Junge der Klasse, mit dem alle Mädchen ausgehen und flirten wollen. Er hat aber dank des Frusts und der dazugehörigen Bewältigungsstrategie erkannt, dass er dann gute Chancen hat, wenn er mit einem Mädchen ins Gespräch kommt und sie durch seine Eloquenz oder seinen Humor beeindruckt. *World of Warcraft* propagiert den bequemeren Weg. Das Spiel sagt: »Du musst diesen Frust nicht aushalten. Bei uns bist du erfolgreich, so wie du bist, und wirst für deine Leistungen bewundert.«

Phase drei. Der Jugendliche zieht sich zurück. Die sogenannte »artifizielle Intelligenz«, die in mehreren Science Fiction Filmen zu apokalyptischen Szenarien führt, hat bereits ihren Siegeszug angetreten. Das Problem ist nur, dass die artifizielle Intelligenz der modernen Multiplayer-Online-Rollenspiele noch viel, viel intelligenter ist als die artifizielle Intelligenz im Film. Sie steuert nämlich nicht eine sichtbare Roboterarmee, sondern sie macht echte Menschen zu steuerbaren Online-Avataren, die ihre ganze Zeit in die Parallelwelt des Spiels investieren. Der soziale Rückzug ist das erste Anzeichen einer echten Sucht. Das Spiel nimmt jenen Platz im Leben des Jugendlichen ein, der vorher Freunden, Familienmitgliedern, Schule, Sport oder diversen anderen Hobbys vorbehalten war. Der Jugendliche zieht sich zurück ins Spiel, weil er sich dort all die Belohnungen erhofft, die ihm im echten Leben scheinbar verwehrt bleiben. Er bekommt Wertschätzung für seine Leistungen in den verschiedenen Quests, er bekommt Aufmerksamkeit durch die Mitspieler, die ihn sogar per SMS und E-Mail ermuntern, mehr mit ihnen zu spielen, er bekommt Orientierung durch erfahrenere Mitstreiter, die ihm neue Tricks zeigen, er entwickelt Vertrauen in sich und seine Fähigkeit und er bekommt Halt, weil er endlich weiß, was er jede Sekunde seines Lebens zu tun hat, nämlich Spielen. Kurz, der Jugendliche bekommt alles, was er sich unter dem Begriff Beziehung vorstellt, bloß, dass es sich in Wahrheit um Pseudobeziehung handelt, die ihn im echten Leben nicht weiterbringt. Entgegen den Beteuerungen der PR-

Experten aus der Spieleindustrie handelt es sich nämlich nicht um einen großen Geschicklichkeitsparcours, in dem echte Freunde gemeinsam Spaß haben und ihre Sinne schärfen. Wäre das nämlich so, würden die guten Freunde nach bewältigter Mission das Bedürfnis verspüren, vom Computer aufzustehen und sich persönlich zu treffen, um das gesamte Spektrum von Zwischenmenschlichkeit zu erleben. Das tun sie aber nicht. Sie tun es nicht, weil es die Spieleentwickler so wollen. Echte Freundschaft würde bedeuten, dass die Menschen nach einiger Zeit im Spiel scharenweise in die reale Welt zurückkehren und in weiterer Folge ihre Monatsabonnements kündigen. Dies widerspräche dem Geschäftsmodell. Insofern ist das Argument der wertvollen Entwicklung innerhalb des Spielverlaufs, das Pressesprecher, PR-Profis und Testimonials häufig bringen, einigermaßen absurd. Es ist ungefähr genauso absurd, wie wenn ein Porno-Produzent behaupten würde, durch seine Filme würden die Menschen lernen, gute Liebhaber zu sein. Würden sie das wirklich lernen, bräuchten sie keine Pornos mehr. Phase drei, der Rückzug, ist also nichts anderes als die endgültige Verbannung der Realität aus dem Leben eines jungen Menschen.

Phase vier. Die Jugendlichen beginnen zu lügen, und tauchen damit ganz tief in die typischen Verhaltensmuster der Sucht ein. »Die Hausübung habe ich schon längst gemacht«, sagt der Internetsüchtige zur Mutter. Dabei hat er das Hausübungsheft nicht einmal angerührt. Streng genommen weiß er nicht einmal, welche Hausübungen er bekommen hat, weil sein ganzes Denken auf die Rückkehr in die Online-Welt fokussiert ist.

»Ich war krank«, sagt der Süchtige zu seinem Lehrer. Diese Ausrede für seine tagelange Abwesenheit unterstreicht er mit einer Entschuldigung, die eine gefälschte Unterschrift von Vater oder Mutter ziert. Notwendig wird dieser Schritt, weil die Lügen gegenüber den Eltern nur für die Zeit nach dem regulären Unterricht reichen. Der Jugendliche möchte sein Suchtverhalten aber so oft wie möglich auf den Vormittag ausdehnen, weshalb er den Weg des geringeren Widerstands wählt und die Lehrer belügt. Seiner Sucht kann er dann dank WLAN in jedem Café mit Internet-Hotspot nachgehen.

»Ich habe im Moment viel um die Ohren, ich muss lernen und Stoff nachholen«, sagt der Süchtige zu seinen Freunden, die noch anderes zu tun haben als vor dem Computer zu sitzen. Sie glauben ihm, weil er ja ständig in der Schule fehlt und deshalb tatsächlich viel versäumt hat.

Auf diese Weise entwickelt der Internetsüchtige ein immer komplexeres Lügenkonstrukt, das ihm Zeit für ein Spiel wie *World of Warcraft* verschafft. Das Spiel fördert dieses unaufrichtige Verhalten. Es handelt sich nämlich nicht um ein Spiel, wo der Teilnehmer der klügste Mensch auf der Welt sein muss, um Erfolg zu haben. In erster Linie geht es darum, Zeit zu investieren. Je mehr Stunden ein Spieler bei *World of Warcraft* verbringt, desto erfolgreicher ist er. Ab dann muss er bleiben, denn Erfolg und Status lassen sich bei *World of Warcraft* nur dann konservieren, wenn Spieler weiterhin im selben Zeitausmaß online sind wie zuvor. Ein World-of-Warcraft-Spieler kann also nicht sagen: »Ich spiele sechs Stunden die Woche und das wars«. Das wäre genauso, wie wenn ein Sportler Fußball spielt, ohne Tore schießen zu wollen. Wenn ein Spieler in *World of Warcraft* und anderen Multiplayer-Online-Games Erfolg haben will, muss er gigantische Zeitressourcen investieren. Das ist natürlich kein Zufall. Die Spieleentwickler haben damit die radikalste Form von Kundenbindung entwickelt. Sie setzen auch auf den Erfolgsfaktor Sucht und isolieren die Spieler von ihrer Umwelt, um möglichst viele Kontrollinstanzen auszuschalten. Auch das ist Suchterziehung.

Phase fünf. Der Süchtige ist nicht mehr nur Opfer seiner Verhaltenszwänge. Er ist auch einem massiven Gruppendruck innerhalb der Spieler-Community ausgesetzt. Dass es so etwas wie Gruppendruck gibt, ist nicht weiter bedenklich. Wenn Jugendliche hie und da dem Gruppendruck erliegen, ist das ein ganz normaler Teil des Abnabelungsprozesses von den Eltern. Die Zuwendung zur sogenannten »Peer Group«, also zu einer Gruppe von Gleichgestellten, geht meistens mit der Abwendung von Eltern und anderen Autoritätspersonen einher. Insofern ist der Gruppendruck ein essentieller Bestandteil einer gesunden Entwicklung. Problematisch ist das ganze nur, wenn der Gruppendruck aus einem Suchtmilieu kommt. Wir kennen das von schwer heroinabhängigen Menschen. Der erste Therapieschritt ist die totale Isolation von ehemaligen Suchtkumpanen. Dieser Schritt erfolgt aus gutem Grund. Das Suchtmilieu destabilisiert den Therapieerfolg und provoziert Rückfälle. Das ist auch ganz logisch. Der Ex-Junkie sehnt sich nach dem sozialen Halt, den er in seinem Suchtmilieu gefunden hat. Deshalb sucht er wieder Gemeinsamkeiten und findet sie in der Droge.

Die Spieler-Community von *World of Warcraft* ist nichts anderes als ein Suchtmilieu. Im Zuge der Verhaltenssucht verbringen die Spieler tausende Stunden mit virtuellen Verbündeten. Gemeinsam bewältigt die Online-Clique Missionen und bleibt über Chatkanäle und sogenannte »Emotes«, das sind schriftliche Befehle, die Emotionen vermitteln sollen, in Kontakt. Als Teil des Suchtmilieus kann sich ein Süchtiger dem Spiel noch weniger entziehen. Mal einen Abend aussetzen, weil etwas Gutes im Fernsehen läuft, gibt es nicht. Ab diesem Zeitpunkt schicken die anderen Mitglieder eine SMS oder E-Mail, weil sie den Erfolg der gemeinsamen »Gilde« gefährdet sehen. »Ohne dich schaffen wir die Mission nicht«, schreiben die sogenannten »Freunde«, »wenn du nicht spielst, ist das mega asozial. Du musst uns helfen, wir zählen auf dich«.

Um ein verlässlicher, integerer und loyaler Mensch zu sein, muss der Süchtige also weiterspielen. In dieser Phase wird den meisten Internetsüchtigen erstmals bewusst, dass ihr Verhalten auch eine starke Leidenskomponente hat. Sie fühlen sich unter Druck gesetzt, manchmal auch gestalkt. Sie driften nun langsam in jene Phase der Sucht, wo es nicht mehr um spürbare Dopaminausschläge im Belohnungszentrum oder Positiverlebnisse geht, sondern wo die

Sucht nur mehr eine Vermeidung von negativen Gefühlen, also von Entzugserscheinungen ist.

Phase sechs. Der Süchtige bekommt langsam die gesamte Bandbreite der negativen Suchtfolgen zu spüren. Er beginnt zu erahnen, dass das, was er tut, letztendlich nicht hilfreich für sein Leben ist. All die Fähigkeiten, die er sich im Zuge der »Quests« und Missionen angeeignet hat, sind ausschließlich auf den Inhalt des Spiels bezogen, sodass sie im realen Leben nicht anwendbar sind. Vielleicht kann der Süchtige bei *World of Warcraft* eine Horde online-erfahrener Mitspieler via Chatkanal nur mit ein paar kurzen Befehlen mit großer Effizienz motivieren. Sobald er aber im Turnsaal steht und mit Gleichaltrigen eine Partie Völkerball spielt, ist dieses Talent wie weggewischt. Dem Süchtigen ist natürlich nicht bewusst, dass Kommunikation von Angesicht zu Angesicht eine viel komplexere Herausforderung ist als irgendwelche Chatkürzel. Er hat deshalb ein weiteres Frusterlebnis, das seine Ressentiments gegen die echte Welt verstärkt und die Gier nach dem Suchtverhalten noch zwingender macht. Zu der sozialen Frustration kommen in dieser Phase auch körperliche Mankos, die in direktem Zusammenhang zum exzessiven Internetkonsum stehen und schwerwiegende Langzeitfolgen haben. Immer wieder fragen mich Eltern, die zwar ahnen, dass mit ihrem Kind irgendetwas nicht stimmt, sich das Suchtverhalten aber noch nicht eingestehen können:

»Herr Doktor, mag ja sein, dass unser Kind viel vor dem Computer sitzt. Aber *World of Warcraft* ist ja auch irgendwie ein Mannschaftssport. Unser Kind trifft sich mit seinen Freunden im Internet und spielt gegen andere Teams. Warum soll das schlechter sein als eine Partie Fußball im Sportverein?«

Medienkompetenten Menschen mag so eine Frage naiv und dumm vorkommen. Wir müssen uns aber immer vor Augen halten, dass ein Großteil der Elterngeneration noch nicht von Grund auf mit den Chancen und Risiken des World Wide Web sozialisiert wurde. Deshalb wäre es falsch, solchen ratlosen Eltern Versagen in der

Erziehung vorzuwerfen. Für die Elterngeneration sind bestimmte Internetphänomene genauso rätselhaft wie für die Generation davor die Musik der Beatles. Wenn ich also die Unterschiede zwischen dem Mannschaftssport Fußball und einem Multiplayer-Online-Rollenspiel wie *World of Warcraft* erkläre, beginne ich beim Offensichtlichen. Bei Fußball trainieren junge Menschen ihren Körper, was auf lange Sicht die beste Krankheitsprophylaxe ist. Wenn ein Mensch mit fünfzig Jahren keine Rückenprobleme haben will, sollte er als Jugendlicher auf jeden Fall Sport getrieben haben. Andernfalls kann er nur noch Schadensbegrenzung anstellen. Während Fußball als Sport also ganz massiv in die körperliche Gesundheit eines Menschen einzahlt, erweisen sich *World of Warcraft* und all die anderen Online-Plattformen als regelrechte Gesundheitskiller. Die Muskeln verkümmern, die Jugendlichen entwickeln durch die statische Spielposition am Höhepunkt der Wachstumsphase irreparable Haltungsschäden, die Orthopäden, Physiotherapeuten und Chirurgen bis weit ins Erwachsenenalter beschäftigen werden. Zur körperlichen Komponente gesellt sich der psychosoziale Aspekt. Die Phase der Jugend ist prädestiniert, um Fertigkeiten für das zukünftige Leben zu erlernen. Das Gehirn ist noch sehr flexibel und kann enorme Wissensmengen verinnerlichen, die für den Alltag im realen Leben Relevanz haben. Beim Fußball fallen mir auf Anhieb zig positive Lerneffekte ein, die über den Sport hinausgehen. Der Fußballer trainiert das Gehirn in den Bereichen Körperkoordination und Feinmotorik, er entwickelt ein Gefühl für soziale Dynamik und erprobt das Verhältnis zwischen Mannschaftsgeist und individuellem Ehrgeiz. Er lernt, Frusterlebnisse wegzustecken und durch Erfolgserlebnisse zu kompensieren und er kann seine eigene Zielstrebigkeit unter Beweis stellen und dabei trotzdem auf die Sicherheit des Rudels zählen. Die Liste an relevanten Lerninhalten ließe sich wahrscheinlich unendlich fortsetzen.

Im Gegensatz dazu erlernt ein angeblicher »Geschicklichkeitssportler« bei Multiplayer-Online-Rollenspielen allerlei unnütze Kompetenzen, die er im echten Leben nicht braucht. Die Geografie von virtuellen Fantasiewelten, das Erlernen von chat-affinen Kürzelsprachen und Nonsens-Ausdrücken, oder die richtige Wahl der Waffen für einen Monster-Avatar sind, und das möchte ich an dieser Stelle wirklich ganz explizit betonen, keine relevanten Fähigkeiten für eine gesunde Menschenexistenz. Sie haben höchstens dann einen Sinn, wenn der Spieler selbst einmal in die Gaming-Branche einsteigen und die Suchtpsychologie anhand eigener Erfahrungen studieren will. Auch hier sehe ich aber keinen wirklichen Mehrwert für das soziale Leben. Es kann nicht in unser aller Interesse sein, eine Legion an ausgefuchsten Spieleentwicklern heranzuziehen, die es zu ihrem zynischen Lebensinhalt macht, andere Menschen an eine virtuelle Scheinwelt zu fesseln. Wir bringen unseren Kinder auch nicht bei, wie man Crystal Meth kocht, oder auf was man achten muss, wenn man möglichst reines Heroin herstellen will, auch wenn das rein chemisch betrachtet eine äußerst reizvolle Herausforderung wäre. Spätestens bei diesem Vergleich haben die meisten Eltern verstanden, was der Unterschied zwischen Fußball und *World of Warcraft* ist. Phase sechs ist also eine ganz wichtige Wendephase. Es entsteht Problembewusstsein. Nur wo es Problembewusstsein gibt, können wir in der Suchtberatung auch Lösungen erarbeiten.

Phase sieben. Der Süchtige ist so massiv von seiner Abhängigkeit beeinträchtigt, dass sein unmittelbares Umfeld nicht mehr wegsehen kann. Weil er seine ganze Energie in *World of Warcraft* hineingesteckt hat, ist der Jugendliche in der echten Welt »uncooler« als je zuvor, er stinkt, weil er Körperpflege für eine lästige Ablenkung vom Online-Alltag hält, und er hat beträchtlich zugenommen, weil Sport und Bewegung schon lange nicht mehr zu seinen Freizeitbeschäftigungen gehören. Die sozialen Aktivitäten in der realen Welt sind auf ein Minimum beschränkt. Der Süchtige findet keinen Anschluss, flirtet nicht und pflegt keine Freundschaften. Er ist so aus der Übung, dass jede Form von Face-to-

Face-Kontaktaufnahme in einem Desaster mündet. Das Resultat ist noch mehr Frust und die Bestätigung, dass im Spiel alles besser ist. Dort kann ihn niemand riechen, niemand sehen, niemand mit ihm sprechen. Je mehr Erfolgserlebnisse sich online einstellen, desto weniger interessieren den Süchtigen Erfolgserlebnisse in der Ausbildung, im Arbeitsleben, im Freundeskreis, im Sport, und im Familienleben. Der Teufelskreis ist am Rotieren. Die Suchtfokussierung ist so extrem, dass der Süchtige jedes Bemühen um reale Erfolge mit Online-Zeit in *World of Warcraft* abwägt. Am Ende gewinnt immer das Streben nach einem neuen Item, dem nächsten Level oder einer schwierigen Mission mit der Gilde. Andere Schwerpunktsetzungen wären auch schwer möglich, denn die Online-Community drängt auf die Erfüllung der Pflichten, die der Spieler als Mitglied einer World-of-Warcraft-Gruppe eingegangen ist. Da das langfristige Denken und die Vernunftbegabung ausgeschaltet sind, steigert sich der Kontrollverlust zu einem regelrechten Suchtexzess. Der Internetsüchtige spielt zwanzig Stunden am Stück, er isst und trinkt nicht, geht nur im äußersten Notfall auf die Toilette und investiert all seine körperlichen Ressourcen in den Erfolg seines World-of-Warcraft-Avatars. Das dehydrierte Häufchen Elend, das nach so einer Session mit blasser Haut, dunklen Augenringen und gebückter Haltung vom Computer aufsteht, erinnert stark an einen Heroin-Junkie, der gerade aus seinem Drogenrausch auf der Bahnhofstoilette erwacht. Einige Süchtige haben mir erzählt, dass sie nach so einem Spielmarathon in den Spiegel gesehen haben und vor sich selbst erschrocken waren. Wenn gerade kein Spiegel in der Nähe war, manifestierte sich der katastrophale körperliche Zustand des Spielers in den entsetzten Gesichtern von Eltern, Geschwistern oder anderen Vertrauenspersonen. Die meisten internetsüchtigen Patienten kommen in Phase sieben zu mir. Der schlechte Allgemeinzustand eines hochgradig internetsüchtigen Jugendlichen scheint also wesentlich dazu beizutragen, das Leid der Sucht als solches zu erkennen. Doch müssen wir wirklich warten, bis ein junger Mensch wie ein verlebtes Wrack aus seinem Zimmer kriecht, um zu erkennen, dass der Grat zur Verhaltenssucht längst überschritten ist? Genau deshalb habe ich die sieben Phasen der Internetsucht anhand des Beispiels *World of Warcraft* beschrieben. Wenn unsere Gesellschaft schon in der Prävention versagt, sollten wir zumindest in unserem unmittelbaren Umfeld versuchen, auf die Warnsignale in der ersten Phase der Sucht zu reagieren.

DIE HILFLOSIGKEIT DER INTERNETSÜCHTIGEN

Internetsüchtige sind isoliert. Ihre Sucht lässt sich in der Intimität der eigenen vier Wände ausleben. Internetsüchtige sind meistens noch sehr jung. Insofern wäre es wichtig, dass wir ihre Sozialisation durch gesunde Beziehungsangebote vorantreiben.

Ausgerechnet in einer Phase, wo Beziehungen nicht nur für das seelische Wohlbefinden, sondern vor allem für die jugendliche Persönlichkeitsentwicklung von herausragender Bedeutung wären, tritt eine Sucht auf den Plan, die echte Beziehungen effizient unterdrückt. Das Resultat sind nicht nur kranke Menschen, wie das bei der Suchterkrankung eines Erwachsenen der Fall wäre, sondern auch sozial zurückgebliebene Menschen.

Ich will dies anhand eines Beispiels verdeutlichen. Mich rief eine Mutter an, die den Verdacht hegte, ihr Sohn könnte internetsüchtig sein.

»Der Bub sitzt die ganze Zeit im Kinderzimmer und spielt etwas, das heißt *World of Warcraft*.«

Ich seufzte wissend.

»Wie alt ist ihr Sohn?«, wollte ich nun von der Mutter wissen.

»Sechsundzwanzig«, war ihre Antwort.

Jemand anderer hätte vielleicht bei dieser Antwort gelacht. Ein 26-Jähriger, der in seinem Kinderzimmer hockt, den ganzen Tag *World of Warcraft* spielt und seine Mutter braucht, um einen Termin in der Suchtambulanz zu machen, klingt auch einigermaßen seltsam. Wenn ich von solchen Geschichten höre, ist mir allerdings nicht mehr zum Lachen zumute. Ein 26-jähriges »Kind« mit Suchtproblemen ist keine Witzfigur, sondern Abbild von tiefgreifenden gesellschaftlichen Problemen. Internetsüchte gehen fast immer mit Entwicklungsverzögerungen einher. Bei mir sitzen also immer wieder erwachsene Männer, die aufgrund ihrer Internetsucht und der damit verbundenen Isolation im Teenager-Alter steckengeblieben sind.

Normalerweise muss ein volljähriger Süchtiger selbst bei mir anrufen, damit ich einen Beratungstermin akzeptiere. Die persönliche Kontaktaufnahme zeugt von Krankheitseinsicht und Therapiemotivation. Beides ist für eine erfolgreiche Behandlung unumgänglich. Volljährige Internetsüchtige sind ein Graubereich, weil ihr geistiger Zustand dem eines schutzbedürftigen Jugendlichen entspricht. Deshalb mache ich hier immer wieder Ausnahmen.

Der 26-jährige Internetsüchtige, der seine Mutter vorgeschickt hatte, erwies sich als hochintelligenter Student, der in den vergangenen acht Jahren zu keiner einzigen Prüfung angetreten war, weil er seine gesamte Energie in World-of-Warcraft-Missionen gesteckt hatte. Im Laufe unseres Erstgesprächs stellte sich sehr schnell heraus, dass der junge Mann in seiner persönlichen Reifung auf dem Niveau eines 16-Jährigen stehengeblieben war. Das hatte ganz sicher mit dem Spiel zu tun, für das er alle Außenkontakte geopfert hatte. Während die ehemaligen Freunde und Schulkollegen bereits berufliche Pläne wälzten, zockte mein Patient noch immer mit Halbwüchsigen und kommunizierte hauptsächlich in Chatkanälen und World-of-Warcraft-Foren mit der spieltypischen Kürzel- und Emote-Sprache. Die Mutter erwies sich in dieser ungesunden Entwicklung als willige Co-Abhängige. Sie brachte ihrem internetsüchtigen Sohn Tag für Tag das Essen aufs Zimmer und trug so dazu bei, dass sich das ehemalige Kinderzimmer in eine Internet-Vollpension ohne Anbindung an die Außenwelt verwandelte.

In unserer ersten Therapieeinheit saß mir also ein 26-Jähriger gegenüber, der körperlich und sozial bereits völlig abgebaut hatte.

»Das ist so eine Verschwendung von Talent«, lamentierte seine Mutter immer wieder, »der Bub wäre so gescheit, aber er macht nichts daraus.«

Theoretisch hatte sie vollkommen recht. Praktisch ist Intelligenz aber eine abstrakte Größe, die komplett wertlos sein kann. Selbst wenn ein Mensch einen Intelligenzquotient von 140 hat, muss er ihn in ein dementsprechendes Tun übertragen. Macht er das nicht, kann er sogar einer Person unterlegen sein, die vielleicht nur einen Intelligenzquotient von 100 hat, dafür aber wach, interessiert und vor allem sozial integriert durchs Leben geht. Die Mutter wollte das natürlich nicht wahrhaben, weil sich Co-Abhängige wie die Süchtigen selbst belügen. Die Mutter musste ich also in Bezug auf die Intelligenz ihres Sohnes desillusionieren.

»Wenn er sich nicht wie ein gescheiter Bub verhält, dann ist er auch kein gescheiter Bub. Und Sie tragen zu diesem nicht gescheiten Verhalten bei, indem Sie ihm Aufgaben abnehmen, die ein Mann in seinem Alter eigentlich selbst bewältigen müsste.«

Die Mutter war mit ihrer Fürsorge ein so integraler Bestandteil des Suchtverhaltens, dass sie nicht einmal mehr merkte, dass ein 26-Jähriger streng genommen sein eigenes Geld verdienen, seinen eigenen Haushalt führen und seine eigenen Entscheidungen treffen könnte.

In der Therapie erwies sich der Student ohne Studienerfolg als konstruktiver Patient. Seine Intelligenz half ihm insofern, als dass er bereits ein Bewusstsein für sein Suchtverhalten und deshalb Krankheitseinsicht entwickelt hatte. Er hatte bereits die Selbstlüge überwunden, er würde aus reiner Freude am Spiel stundenlang vor dem Computer sitzen. Er empfand die Zeit, die er in den virtuellen Sphären von *World of Warcraft* verbrachte, als Zwang und nicht als kurzweiliges Entertainment. Er konnte nicht ruhig schlafen, wenn er sein selbst auferlegtes Pensum an zu absolvierenden Missionen und zu sammelnden Items nicht geschafft hatte. Durch die Spielgewohnheiten der Community drehte sich sein Tag-Nacht-Rhythmus um. Für viele Spieler stellt die Verlegung aller World-of-Warcraft-Aktivitäten in die Nachtstunden eine anstrengende Notwendigkeit dar. Sie müssen untertags irgendeiner Arbeit nachgehen oder den Unterricht besuchen und reduzieren ihr Schlafpensum auf wenige Stunden, um noch genügend Zeit für ein paar Missionen zu finden. Gerade Studenten können bei der Auflösung des gesunden Schlafrhythmus mitziehen, weil ihnen der Universitätsalltag eine flexible Zeiteinteilung ermöglicht. Bloß, dass die freie Einteilung von Studieninhalten und Lehrveranstaltungen viele »normale« Studenten überfordert. Das erkennen wir an der durchschnittlichen Studiendauer, die die Mindeststudiendauer in den meisten Fächern bei weitem übertrifft. Disziplin ist eben nicht jedermanns Sache. Ist ein Student zusätzlich noch in einem Suchtverhalten gefangen, das er vorwiegend in der Nacht auslebt, ist Disziplin eine Utopie. Während die anderen Studenten zumindest ein paar Scheine sammeln, werden Internetsüchtige zu Aktenleichen, die ihre Matrikelnummer lieber als Pseudonym in einem Multiplayer-Game verwenden, als sich damit online in einer Lehrveranstaltung einzutragen.

Nachdem die Mutter ihre Co-Abhängigkeit eingesehen hatte, übte sie Druck auf ihren Sohn aus. Wenngleich die Eigenmotivation der wichtigste Aspekt der Suchtbehandlung ist, begrüßte ich ihren Sinneswandel. Sie war zwar nicht mehr erziehungsberechtigt, ihr Sohn war aber in seiner psychischen Entwicklung deutlich unreifer als ein typischer 26-Jähriger. Insofern war er rein psychisch ein Schutzbedürftiger, auch wenn ihn der Gesetzgeber bereits als Erwachsenen führte. Hinzu kam, dass sich der Patient aufgrund seiner Verhaltenssucht in eine totale Abhängigkeit zu seinem Elternhaus begeben hatte. Er lebte von den Zuwendungen der Eltern, wohnte in seinem Kinderzimmer, bekam dreimal am Tag ein Essen vor die Tür gestellt, lieferte die Schmutzwäsche bei seiner Mutter ab und musste sich auch sonst um nichts kümmern. Dieses Abhängigkeitsverhältnis gab der Mutter zumindest die Möglichkeit, klare Regeln aufzustellen. Ich habe die Eltern also motiviert, klare Vorgaben durchzusetzen.

»Ihr Sohn ist sechsundzwanzig. Theoretisch gibt es zwei Wege. Weg eins: Er studiert ernsthaft und kann sich deshalb auf ihre Unterstützung verlassen. In diesem Fall wäre er aber auch nicht von Verpflichtungen wie Wäschewaschen, Putzen oder Kochen befreit und müsste im Haushalt mithelfen. Außerdem können Sie darauf bestehen, dass er sich selbst pflegt. So weit, dass ein Mensch in einer familiären Wohngemeinschaft die anderen mit seinem Geruch belästigen darf, geht persönliche Freiheit nämlich nicht. Sie können in ihrem Haus auch auf gewisse Rituale pochen, zum Beispiel auf das gemeinsame Einnehmen von Mahlzeiten am Esstisch. Weg zwei: Ihr Sohn tut dasselbe wie andere 26-Jährige, die nicht studieren, nämlich arbeiten, Geld verdienen und den eigenen Haushalt führen. Der derzeitige Weg ist auf jeden Fall nicht tragbar und sie haben allen Grund, ihren Sohn auf wertschätzende Art unter Druck zu setzen.«

»Aber was ist mit der persönlichen Freiheit?«, haben mich die Eltern entsetzt gefragt.

Dass Co-Abhängige das sozial unverträgliche Verhalten der Süchtigen mit persönlicher Freiheit rechtfertigen, beziehungsweise von den Süchtigen selbst mit solchen Argumenten bombardiert werden, ist ein bekanntes Phänomen. Dementsprechend klar fiel meine Antwort aus.

»Die persönliche Freiheit besteht darin, dass ihr Sohn jederzeit die Entscheidung treffen kann, woanders zu leben, wenn es ihm bei Ihnen nicht mehr gefällt. Wenn er dann auf sich selbst gestellt ist, kann er sich wiederum frei entscheiden. Nämlich ob er in Armut lebt, weil er zwanzig Stunden am Tag nur *World of Warcraft* spielt oder ob er sein eigenes Geld verdient, um sich einen gewissen Lebensstandard zu erarbeiten. Persönliche Freiheit heißt garantiert nicht, dass ein Mensch schmarotzen darf.«

Dass ich so klare Worte fand, hat einen ganz bestimmten Grund. Wie mein 26-jähriger Patient verwechseln sehr viele Internetsüchtige persönliche Freiheit mit unsozialem Verhalten. Dieses Phänomen ist Teil der sozialen Entfremdung, die Süchtige aus dem

Online-Milieu bei ihrer Suche nach Beziehungen automatisch erleben. Die Gewissheit, in ein (pseudo)soziales Netzwerk eingebunden zu sein, vermischt sich mit dem trendigen Image, das Social Networks und Social Gaming seit ihrem Aufstieg innerhalb der Kreativindustrie genießen. Man muss nur einen Blick in die nationalen und internationalen Förderprogramme der Kreativindustrie werfen. Dort strotzt es nur so vor »sozialen Applikationen«, »Vernetzungstechnologie« und »interaktiven Nutzungsmodellen«, die aber letztendlich auch nur Kundenbindungsprogramme sind, mit denen Betreiber als Vermittler oder direkte Verkäufer von Werbeflächen, Abonnements und Produkten nach Profit streben. Weil aber so überproportional oft das Wort »sozial« fällt, haftet der internetbasierten Kreativindustrie das Image des »guten Kapitalismus« an. Dabei ist ihr »sozial« nur ein Synonym dafür, dass diese Technologien in ihrem Gewinnstreben dort ansetzen, wo es wirklich weh tut, nämlich bei sozialen Bedürfnissen.

Wenn Internetsüchtige von ihrem Tagesablauf sprechen, kommen deshalb häufig Worte wie Individualität, Demokratie und Freiheit vor. Jeder fühlt sich als Teil einer Bewegung, in der Charaktere wie Wikileaks-Gründer Julian Assange oder sagenumwobene Hacker-Kollektive wie »Anonymous« zu Ikonen eines neuen, rein virtuellen Lifestyles hochstilisiert werden. Das macht es so schwierig. Wer schon einmal gesehen hat, wie ein an Leberzirrhose erkrankter Alkoholiker seine letzten Tage verbringt, oder den Geruch der eitrigen Venenabszesse eines Heroin-Junkies in der Nase hatte, weiß, was es zu bekämpfen gilt. Doch Verhaltenssüchte der Internetgeneration sind extrem inhomogen und überdies ziemlich sexy. Sie verschanzen sich hinter der Ideologie einiger Internetpropheten, die eine Parallelwelt in Glasfaserkabeln und Funknetzen propagieren. Solche idealisierenden Web 2.0-Sagen passen auch perfekt zum Bild des World-of-Warcraft-süchtigen Muttersöhnchens. Sie sind kindliche Vereinfachungen, die sich ohne weiteres auch in Superhelden-Comics darstellen lassen würden. Die Art und Weise, wie sich soziale Netzwerke und ihre

Trabanten verkaufen, ist also Sinnbild für die Unreife der sozialen Beziehungen, die diese Netzwerke prägen.

Die Wahrheit ist, mit *World of Warcraft* oder irgendeinem anderen Multiplayer-Online-Rollenspiel wurde ganz sicher noch keine Revolution entfacht. Nicht einmal *facebook* oder *Twitter* haben das geschafft. Hinter den Revolutionen, die die Öffentlichkeit mit sozialen Netzwerken in Verbindung bringt – ich denke da zum Beispiel an den Arabischen Frühling – stehen Menschen aus Fleisch und Blut. Diese Menschen haben die sogenannten »sozialen Medien« auf ihren rechtmäßigen Platz verwiesen. Sie haben sie als Instrumente verwendet, um ihren Willen nach Veränderung, und nicht ihren Willen nach Pseudoveränderung, durchzusetzen. Im Arabischen Frühling wurde nicht gechattet, nicht »geliked« und auch nicht ein Revolutions-Friend »geaddet«. Die Revolution und der Straßenkampf wurden auch nicht in einer fiktiven Multiplayer-Online-Welt geprobt, in der die Spieler Panzerfäuste, Molotowcocktails und andere »Revolutions-Items« sammeln konnten. Im Arabischen Frühling haben die Protagonisten via Internet lediglich unzensierte Anknüpfungspunkte für reale Beziehungen geschaffen. Von hier aus ging es dann zum »Rudel«, das je nach revolutionärer Ausprägung demonstriert oder sogar gekämpft hat.

Eine meiner Aufgaben in der Betreuung von jungen internetsüchtigen Menschen ist also die Entmystifizierung. Meine in wertschätzende Worte gekleidete Botschaft lautet:

»Ihr seid nicht eine neue Elite, die es besser als alle anderen weiß und auf einer abstrakten Ebene für persönliche Freiheit kämpft. Ihr seid Süchtige. Dass euch eure Helden im Web etwas anderes weismachen wollen, ändert nichts an der Tatsache, dass ihr eine Krankheit habt, die euch sozial isoliert. So seid ihr nicht die Zukunft, sondern ihr beraubt euch eurer Zukunft.«

Bei meinem 26-jährigen Patienten funktionierte die Entzauberung vom Web 2.0-Freiheits-Mythos. Er entschloss sich nach einigen Therapiestunden, wieder an einer realen Zukunft zu basteln. Was uns als Suchttherapeuten vor neue Herausforderungen stellt, ist der richtige Umgang mit dem Suchtmittel Internet nach der Therapie. Normalerweise empfehlen wir nach schweren Suchterkrankungen Abstinenz. Rein physisch würde nichts dagegen sprechen, wenn ein Alkoholiker statt zehn Bier nur mehr ein Bier pro Tag trinkt. Das funktioniert aber praktisch nicht. Trinkt ein Ex-Alkoholiker nur einen Schluck, springt das Suchtgedächtnis sofort an. Von hier bis zum neuerlichen Kontrollverlust vergehen oft nur ein paar Tage. Deshalb ist Abstinenz der pragmatischste Zugang, um Sucht unter Kontrolle zu halten. Bei Internetsüchtigen können wir das aber nicht durchsetzen. Es ist unrealistisch, anzunehmen, dass ein Mensch aus dem 3. Jahrtausend bis ans Ende seiner Tage nicht mehr ins Internet geht. Wie weltfremd das wäre, zeigt die Lebenssituation meines 26-jährigen Patienten.

Für sämtliche Lehrveranstaltungen seiner Studienrichtung war die Nutzung sogenannter »E-Learning-Plattformen« nötig. Papers und Skripte verteilten die Professoren, Dozenten und Tutoren ausschließlich via E-Mail. Das Fach mit den Kopiervorlagen, das es zu meiner Studentenzeit noch gab, hatten die administrativen Mitarbeiter im Heimatinstitut meines Patienten bereits abgeschafft. Die Studenten tauschten sich in eigenen Foren online aus und teilten dort Prüfungsfragen und Mitschriften. Wie sollte der 26-Jährige also ohne Internet auskommen?

Es bewährte sich eine Strategie, die sich auch sehr leicht im Familienalltag umsetzen lässt, noch bevor eine Verhaltenssucht auftritt. Wir beschränkten die Abstinenz ausschließlich auf *World of Warcraft* und andere Online-Rollenspiele. Dies fiel meinem Patienten insofern relativ leicht, weil der Spielerfolg mit extensiver Online-Zeit verknüpft ist. Zwei Stunden zu spielen und dann etwas anderes zu tun, wäre für einen professionellen World-of-Warcraft-Spieler also ohnehin keine befriedigende Option. Das Problem war nur, dass das Internet immer auch die Option bereithielt, doch *World of Warcraft* zu spielen. Alle anderen Web-Inhalte waren für den Studenten ungefährlich. Um den drohenden Kontrollverlust zu vermeiden, unterwarf sich mein Patient freiwillig einer Kontrollinstanz. Seine Mutter fungierte als Wächterin des Laptops. Diese Maßnahme hatte den angenehmen Nebeneffekt, dass wir die Fürsorge der Mutter sinnvoll kanalisieren konnten. Fortan lagerte der Computer in der Schlafzimmerkommode der Eltern. Wenn der Sohn E-Mails lesen oder eine Anmeldung für sein Studium durchführen wollte, ging er zur Mutter. Sie händigte den Laptop aus, allerdings nur unter der Voraussetzung, dass der Sohn die jeweiligen Web-Aktivitäten im familiären Umfeld erledigt. Auf diese Weise entwickelte sich aus dem suchtbehafteten Verhalten ein soziales Ritual. Während die Mutter kochte oder der Vater ein Kreuzworträtsel löste, beantwortete der 26-jährige Sohn Nachrichten und loggte sich ins Online-System der Universität ein. Nachdem alles erledigt war, fuhr er den Computer wieder herunter und übergab ihn der Mutter.

Manche Leser werden jetzt vielleicht denken, dass diese Strategie eine halbgare Lösung ist, weil der Internetsüchtige Verantwortung abschiebt und dadurch noch abhängiger von den Eltern wird. Würde es sich bei der Internetkontrolle durch die Mutter um eine langfristige Lösung handeln, wäre die Kritik berechtigt. Kurzfristig ist es aber ein vernünftiger Weg, um den Kontrollverlust zu verhindern. Das soziale Umfeld unterstützt den Süchtigen bei der Selbstkontrolle so lange, bis die eigenständige Selbstkontrolle für die Unterdrückung der Verhaltenssucht reicht. Die Kontrolle durch die Mutter ist also nichts anderes als ein pragmatischer Zwischenschritt. Ich habe dieses Fallbeispiel gewählt, weil sich daraus viele Lehren für den Alltag ziehen lassen. Eigentlich bin ich ja ein Feind von neunmalklugen Ratgebern, die vorgaukeln, eine ganz simple Lösung für ein komplexes Problem zu liefern. »Rauchfrei in sieben Tagen«, »In zehn Schritten zu einer glücklichen Beziehung«, »Mit drei Regeln zum Glück«, »Suchtfrei. Eine neue Methode ohne Entzugserscheinungen« – ich glaube nicht an solche Reißbrett-Anleitungen.

Aus der Strategie, die mein 26-jähriger Patient und seine Familie gewählt haben, lassen sich aber drei ganz wesentliche Anhaltspunkte herausarbeiten, wie Betroffene und ihr Umfeld mit Verhaltenssüchten umgehen können.

Erstens. Immer wieder lese ich in populärwissenschaftlichen Artikeln, dass sich Angehörige von Süchtigen abgrenzen müssen. In sehr speziellen Fällen mag das stimmen, zum Beispiel wenn sich zur Selbstschädigung auch eine massive und systematische Form von Fremdschädigung, etwa durch Gewalt, Diebstahl oder Einschüchterung, gesellt. Als Patentrezept ist die Abgrenzung bis hin zur totalen Kontaktsperre aber ein therapeutischer Supergau. Wenn Sucht die Suche nach Beziehung ist, wie soll dann ein rigoroser Beziehungsboykott zur Heilung beitragen? Insofern haben mein Patient und seine Angehörigen einiges richtig gemacht. Sie haben ihre Beziehung auf sinnvolle Art und Weise intensiviert, eine Strategie, die jeder Elternteil anwenden kann.

Zweitens. Der Umgang mit Sucht verführt zu Verzweiflungsakten. Das ist auch nicht weiter verwunderlich, denn Sucht bedeutet für alle Beteiligten Kontrollverlust und Kontrollverlust macht Angst. Einer dieser Verzweiflungsakte könnte zum Beispiel sein, dass Eltern ein totales Computerverbot aussprechen und sämtliche Geräte vom PC bis zum Smartphone einziehen. Leider ist so ein radikaler Schnitt keine Lösung, weil er nur die Symptome, aber nicht den Kern des Problems bekämpft. Kurzfristig leiden zwangsabstinente Internetsüchtige an schweren Entzugserscheinungen. Dazu zählen Schlaflosigkeit, innere Unruhe, depressive Verstimmung und Panikattacken, aber auch körperliche Beschwerden wie Zittern, Schweißausbrüche, Übelkeit, Schmerzen in verschiedenen Körperregionen und Herzrasen. Solche Zustände sind eine Qual, die wir in der Suchttherapie abfangen. Unter anderem auch deshalb, weil Entzugserscheinungen im schlimmsten Fall zum Suizid führen können. Es gibt also keinen Grund, gerade einem nahen Angehörigen, der vielleicht auch noch schutzbedürftig ist, einen so kalten Entzug anzutun. Langfristig kann der abrupte Ausstieg ohne begleitende Behandlung zu einer Suchtverlagerung führen. Da die Ursache nicht ausgemerzt ist, aber das primäre Suchtmittel von den Eltern vorenthalten wird, stürzen sich Jugendliche auf andere Verhaltenssüchte. Ein klassisches Substitut für Internetsucht wäre zum Beispiel die Glücksspielsucht. Sogar ein Abdriften in substanzbezogene Süchte, von Nikotin und Alkohol über Cannabis und Amphetamine bis hin zu schweren Opiaten, ist möglich. Nicht umsonst hat sich der Begriff der »Suchtkarriere« in der Psychiatrie etabliert.

Die Eltern meines 26-jährigen Patienten haben einen medizinisch betreuten Übergang eingeleitet. Gleichzeitig haben sie das Suchtproblem an der Wurzel gepackt und neue Beziehungsangebote entwickelt.

Drittens. Eine Verhaltenssucht ist kein Todesurteil. Sie ist aber auch nichts, womit zu spaßen wäre. Der damalige Zustand meines Patienten aus dem Studentenmilieu zeigt sehr anschaulich die Gefahren auf. Der junge Mann hatte sowohl sozial als auch körperlich gesehen massive Defizite. In seiner Entwicklung fehlten ihm rund zehn Jahre, die er irgendwo in der World-of-Warcraft-Fantasywelt Azeroth hatte liegen lassen. Die heutige Elterngeneration muss also verstehen, dass exzessiver Internetkonsum nicht ein harmloser Spleen ihrer pubertierenden Kids ist, sondern eine gefährliche Erkrankung, die just im sensibelsten Entwicklungsstadium eines jungen Menschen zuschlägt. Deshalb heißt es handeln, sobald sich eine Internetsucht auch nur ansatzweise manifestiert. Anhaltspunkte sind eingeschränkte soziale Kontakte, mehrstündige Online-Sitzungen bis in die Nacht und körperliche Anzeichen wie mangelnde Hygiene. Krankheitseinsicht und Therapiemotivation des Süchtigen sind zwar Grundvoraussetzungen, um die Verhaltenssucht zu bekämpfen. Das bedeutet aber nicht, dass ich diese beiden Therapiestützen nicht als Außenstehender herbeiführen kann. Eltern sollten nicht darauf hoffen, dass die Krankheitseinsicht das Kind über Nacht erleuchtet.

Gerade ein Unmündiger braucht wertschätzenden Druck, um Defizite in seinem Verhalten zu erkennen. Damit ist nicht gemeint, dass die Eltern autoritäre Erziehungsmaßnahmen anwenden, sondern dass sie über offensive Beziehungsangebote die sozialen Unzulänglichkeiten ihres Nachwuchses aufdecken. Oft hilft auch die Außenperspektive eines Experten, zum Beispiel eines Arztes oder eines Psychotherapeuten, um die Krankheitseinsicht zu fördern. Die Eltern des 26-jährigen Studenten haben sich nach einer langen Phase der Ratlosigkeit dazu entschlossen. Sie haben sich aktiv in das Leben ihres Sohnes eingeklinkt und unmissverständlich klar gemacht, dass es so nicht weitergehen kann. Was als lästige Druckausübung der Eltern begann, mündete in mehreren Therapiesitzungen in der Suchtambulanz, die in Bezug auf die Krankheitseinsicht den entscheidenden Durchbruch brachten.

Das 26-jährige, internetsüchtige »Kind« hat sich mittlerweile zu einem erfolgreichen Studenten entwickelt. Unmittelbar nach Beginn der Therapie konnte sich der junge Mann zu einer totalen World-of-Warcraft-Abstinenz durchringen. Schon nach kurzer Zeit setzten bei ihm viele gesunde Mechanismen ein. Die Pseudofreunde, die ihn während seiner gesamten Suchtphase begleitet hatten, gingen ihm mit der Distanz von ein paar abstinenten Wochen ziemlich auf die Nerven. Sie terrorisierten ihn mit E-Mails, schickten ihm hasserfüllte SMS und nannten ihn einen Verräter. Immer wieder hatte der abtrünnige World-of-Warcraft-Spieler Gewissensbisse, weil er die Aufforderungen, endlich wieder bei Team-Missionen mitzuhelfen, einfach ignorierte. Dass er dennoch standhaft blieb, hatte vor allem mit den positiven Erfahrungen zu tun, die er in der realen Welt machte. Er kam drauf, dass ihm das Studium, in dem er seit Jahren nur pro forma inskribiert war, wirklich gefiel. Da der Studienplan viele Wahlmöglichkeiten zuließ, traf er auch nicht auf eine eingeschworene Klassengemeinschaft, in die er erst mühsam vordringen musste. Stattdessen formierten sich ständig neue Grüppchen, die je nach Seminar oder Vorlesung variierten und in die sich mein Patient nahtlos einfügen konnte. Ich vermute, dass es vor allem an diesem problemlosen Einstieg in ein soziales Gefüge lag, dass er dem Terror seiner ehemaligen Internet-Weggefährten standhielt. Das Beziehungsgeflecht in der realen Welt machte ihn immun gegen das Pseudobeziehungsgeflecht, das ihm *World of Warcraft* bot. Diese Erkenntnis stimmt mich optimistisch, dass es keine neuartigen Psychopharmaka und auch keine Überregulierung des Internets braucht, um junge Menschen gegen Verhaltenssüchte wie die Internetsucht resistent zu machen. Es braucht soziale Beziehungen. Und die gäbe es potentiell überall – in Familien, Schulen, Arbeitsstätten, Vereinen, Freundeskreisen, Klassengemeinschaften, also überall dort, wo Menschen real zusammenkommen.

FACEBOOK, DIE SUCHT MIT DEM SOZIALEN GESICHT

Verhaltenssüchte sind meistens ein ziemlich klischeehaftes Phänomen. Die Männer stellen die Mehrheit der Spielsüchtigen, während das Gros der Kaufsüchtigen dem weiblichen Geschlecht zuzurechnen ist. Stark verkürzt könnte man sagen: Männer ruinieren sich, indem sie Abend für Abend Unsummen auf irgendwelche drittklassigen Fußball-Matches in Albanien und Kasachstan setzen, Frauen, indem sie jeden zweiten Tag ein Paar Manolo-Blahnik-Schuhe und eine Burberry-Tasche kaufen. Dass Verhaltenssüchte klassischen Geschlechter-Stereotypen entsprechen, ist eigentlich logisch. Schließlich geht es um das Verhalten eines Menschen und dieses Verhalten entspricht nun mal der sozialen und biologischen Prägung. Solange also eine Gesellschaft stereotype Geschlechterbilder transportiert, wird sich das auch in den Verhaltenssüchten widerspiegeln. Andersrum gedacht könnte ich als Therapeut mit Suchtschwerpunkt die provokante These aufstellen, dass die Gleichberechtigung dann Realität ist, wenn mehr Frauen ihr Geld bei Pferde- und Autorennen verzocken und mehr Männer nach Calvin-Klein-Unterhosen und

Burlington-Socken süchtig sind. Bis es aber so weit ist, bleiben Verhaltenssüchte ein Krankheitsbild jenseits des viel beschworenen »Gender Mainstreamings«.

Immerhin ist es so, dass wenigstens die Internetsucht beide Geschlechter gleichermaßen betrifft. Unabhängig davon beobachte ich eine Art Binnenscheidung. Die Männer verfallen eher martialischen Online-Spielen wie *World of Warcraft*, während sich die Frauen nach »weicheren« Formen des Internetkonsums sehnen. Nachdem Frauen meistens sozialer veranlagt sind und überdies ein größeres Bedürfnis nach Austausch haben, fühlen sie sich von einem machtzentrierten Wettbewerb, wie er in Online-Multiplayer-Spielen stattfindet, weniger angezogen. Das hat die Internetindustrie längst verstanden und spricht das Suchtpotential von Frauen über Plattformen an, die sich ganz dem Thema Kommunikation verschrieben haben. Dabei geht es nicht um sinnvolle Kommunikation. Es geht um Kommunikation als Selbstzweck, also um Kommunikation, wie sie Menschen auf *facebook*, *Twitter* und all den anderen sozialen Netzwerken finden. Ab hier beginnen exakt dieselben Mechanismen zu greifen, wie bei den anderen Verhaltenssüchten auch. Die Plattform fängt die User bei ihrer Suche nach Beziehungen ab und sagt: »Hier ist deine Suche zu Ende, hier bekommst du ein soziales Netzwerk, in das du dich bequem betten kannst und das deine Sehnsüchte nach sozialem Halt stillt.« Die Verlogenheit dieses Versprechens unterscheidet sich kaum von anderen vermeintlichen Glücksspendern, wie zum Beispiel Pokerplattformen oder Shoppingseiten. Soziale Netzwerke bieten nämlich auch nur Pseudobeziehungen mit Pseudokommunikation, Pseudowertschätzung und Pseudovertrauensverhältnisse.

facebook und Konsorten sind also von ihrer Funktionsweise um nichts besser als *World of Warcraft* und andere Online-Multiplayer-Spiele. Sie funktionieren bloß etwas subtiler, weil ein gruseliger Monster-Avatar, der mit einer Axt Untote, Orcs und Blutelfen abschlachtet, eben mehr Skepsis erweckt als ein süßes Teenager-

Mädchen, das jeden seiner Schritte in einem öffentlichen Profil dokumentiert.

»Das ist auch etwas vollkommen anderes«, sagen jetzt sicher viele, »schließlich hat *facebook* keinen Grund, die Internetsucht für die eigenen Zwecke einzusetzen. Es gibt ja keine Abonnementsgebühren und auch keine anderen Vergütungsmodelle. Das steht sogar auf der Startseite. ‚*facebook* ist und bleibt kostenlos'.« Ich möchte kurz auf das Geschäftsmodell von *facebook* eingehen. *facebook* lebt von Werbung, genauer gesagt von Online-Werbung. *facebook* strebt also nach einem Angebot, das für Kunden aus der werbenden Industrie und für deren Mediaagenturen möglichst attraktiv ist. Es geht darum, ein möglichst großes Stück vom Werbebudgetkuchen abzubekommen, der je nach strategischen Überlegungen für klassische Werbung, Online-Werbung oder andere Kommunikationsmaßnahmen bestimmt ist. Wie bekommt ein Anbieter von Werbeflächen nun so ein Stück und wie kann er möglichst hohe Preise für sein Angebot verlangen? Ganz einfach indem er möglichst viele User bündelt, also Reichweite anbietet, und nachweisen kann, dass diese User auch extrem viel Zeit auf der Plattform verbringen, weil dies die Eindringlichkeit einer Werbebotschaft massiv verbessert. Ein werbefinanziertes Unternehmen wie *facebook* hat also ein fundamentales Interesse daran, dass möglichst viele Menschen nonstop auf der Plattform abhängen. Wer denkt, *facebook* sei eine idealistische Initiative, die die Welt zu einem pazifistischen Dorf machen will, hat zu viele YouTube-Filmchen von Mark Zuckerbergs Ansprachen gesehen. Vielmehr ist es so, dass *facebook* eines der grundlegendsten Bedürfnisse des Menschen, nämlich nach Sicherheit und Geborgenheit des Rudels, ausnutzt, um Reichweite und möglichst hohe Verweildauern zu generieren. Immer wieder lese ich in Beiträgen über konsum- und wirtschaftspsychologische Themen vom sogenannten »360 Grad Marketing«. Darunter verstehen die Marketingexperten eine Strategie, die sämtliche Disziplinen des Marketings einbezieht und auch deren Wechselwirkungen im

Auge behält. Im Fall von *facebook* würde ich von einem 360-Grad-Suchtmarketing sprechen. Die Plattform zapft nämlich alle Kanäle an, die an der Oberfläche dem Bedürfnis nach Beziehungen, aber de facto der Stimulation von Verhaltenssüchten dienen.

Erstens. Durch das Prinzip der virtuellen Pinnwand im Rahmen des User-Profils provoziert *facebook* 24 Stunden am Tag, sieben Tage die Woche, 365 Tage im Jahr Kommunikation. Die Befüllung mit Statements, Fotos und anderen Lebensspuren erfolgt unabhängig von Zeit und Ort, ja sogar unabhängig von stationärer Technologie, weil User von jedem internetfähigen Gerät zugreifen können. *facebook* spricht damit die soziale Bequemlichkeit der Menschen an. In der facebook-Welt ist der Mensch ein soziales Wesen, und zwar so wie es ihm in den Kram passt. Er muss nicht darauf achten, ob ein Freund wach ist, wie etwa beim Telefonieren, oder ob er über seine eigenen Probleme reden will, wie beim persönlichen Gespräch. Er setzt einfach seine Statements ab, wie es für ihn gerade passt, und hat dennoch das Gefühl der Interaktion. Das ist das facebook-Prinzip. Dass dieses Prinzip ein Widerspruch in sich ist, sollte ein Hinweis auf die bedenkliche Funktionalität dieses »sozialen« Netzwerks sein.

Zweitens. *facebook* weiß, dass reale Beziehungen zwar zur Eröffnung eines Accounts führen, aber in weiterer Folge der größte Feind des sozialen Netzwerks sind, weil sie aufzeigen, was einem auf einer virtuellen Plattform mit Pseudofreunden und Pseudobeziehungen alles fehlt. Deshalb versucht *facebook,* die wenigen verbliebenen Kommunikationslecks zu stopfen. Eine Gefahr für das facebook-Modell geht zum Beispiel von autarken E-Mail-Konten aus. E-Mails bündeln Online-Zeit. E-Mails, die über Anwenderprogramme und Provider wie *Yahoo* oder *GMX* versandt werden, bündeln Online-Zeit außerhalb von *facebook.* Deshalb versucht *facebook,* sich ebenfalls als E-Mail-Service zu etablieren, um den globalen E-Mail-Verkehr auf die Plattform zu ziehen.

Bereits seit geraumer Zeit können User eine E-Mail-Adresse mit der Endung »@*facebook*.com« in Anspruch nehmen. Dass dieser Schritt dennoch so spät erfolgte, führe ich auf die Annahme der Betreiber zurück, die »Personal Message« würde die E-Mail langfristig ablösen. Dies hat sich nicht bewahrheitet. Deshalb hat *facebook* seinen Usern die Hand gereicht, um Millionen Menschen umzulotsen. Die dadurch verbuchte Mehrzeit kann *facebook* der Werbeindustrie in Rechnung stellen. Eine ähnliche Strategie sehe ich hinter Akquisitionen wie dem Kauf der Online-Fotoplattform *Instagram*. Überall dort, wo sich soziale Parallelstrukturen entwickeln, möchte *facebook* gegensteuern. Es geht um die Entwicklung eines möglichst lückenlosen Suchtmilieus, das Substitute aussperrt.

Drittens. *facebook* ist ein unglaublich lernfähiger Apparat, der immer wieder bei anderen Verhaltenssüchten abschaut, um die lose Verbundenheit zu einem zwingenden Bedürfnis zu machen. Insofern besteht auch eine Verbindung zum Phänomen *World of Warcraft*. Rund zehn Millionen Abonnenten haben eindrucksvoll vorgemacht, dass auch ein sinnloses Spiel der Kitt eines Pseudointernetrudels sein kann. Wer sich also wundert, warum der facebook-Account von Spieleanfragen überflutet wird, findet die Antwort in den bewährten Suchtmechanismen von *World of Warcraft*. Applikationen wie »Farmville«, »Angry Birds« oder »My Little Pony« klingen zwar wesentlich harmloser als gewaltaffine Multiplayer-Kriegssimulationen, sie bedienen aber dieselben Bedürfnisse wie der kollektive Kampf um Azeroth. Darüber hinaus beobachte ich auf *facebook* seit einiger Zeit einen massiven Anstieg von sogenannten »Casino Games«. In »Slotomania«, »Slot Galaxy«, »Bingo Blitz«, »DoubleDown Casino« und vielen anderen Zockerfallen beschwört *facebook* die Sucht-Dämonen, die die Glücksspielindustrie so reich gemacht hat. Warum sollte man die Online-Zeit der Spielsüchtigen den Glücksspielgiganten dieser Welt wie bwin, William Hill und Novomatic überlassen, wenn sie auch den Werbewert der eigenen Plattform pushen könnten? Insofern entpuppt sich *facebook* als ein gefälliger Suchtcocktail, der auch Erfahrungswerte aus der Kaufsucht gekonnt einarbeitet. *facebook* ist nämlich eine gigantische Datensammelmaschine, die allerlei Informationen zu soziodemografischen Daten, Konsumgewohnheiten, persönlichen Interessen und sozialen Querverbindungen abfragt, speichert und verwertet. Während sich Datenschutzorganisation und Urheberrechtsverbände noch immer mit der Frage aufreiben, wo solche Daten liegen und wem sie gehören, ob sie ein User wieder löschen kann und wer Zugriff darauf bekommen könnte, schert sich kaum ein Mensch um den unmittelbarsten Nutzen der Datensammelorgie. *facebook* kann dadurch maßgeschneiderte Werbeangebote bereitstellen, die sowohl die Zielgruppenerwartungen der Werbekunden als auch die Konsumbedürfnisse der User befriedigen. *facebook* profitiert dadurch in zweierlei Hinsicht. Zum einen kann die Plattform höhere Preise für Werbeeinschaltungen verlangen, beziehungsweise einen größeren Anteil des Mediabudgets akquirieren, weil der berühmte »Streuverlust«, also die Vermittlung der Botschaft an irrelevante Zielgruppen, minimal ist. Zum anderen bettet *facebook* den Dopaminkick, den viele Menschen bei Konsum erleben, in das soziale Netzwerk ein. Weil der konkrete Werbeinhalt auf die individuelle Lebenssituation des gläsernen Users abgestimmt ist, können wir davon ausgehen, dass immer mehr Kaufimpulse auf Vermittlung von konfektionierten facebook-Schaltungen zustande kommen werden. Der Kaufsüchtige muss sein Zwangsverhalten nicht mehr über Suchmaschinen, unübersichtliche Shoppingseiten oder überfüllte Einkaufscenter ausleben. Jeder Besuch bei *facebook* bietet ein maßgeschneidertes Konsumangebot. Das hat auch den Vorteil, dass suchtgetriebenen Usern die Kaufentscheidung sinnvoll erscheint, weil das angeklickte Produkt irgendetwas mit ihren tatsächlichen Interessen zu tun hat. Die Datensammlung von *facebook* macht es möglich.

DIE VERWANDTSCHAFT ZWISCHEN FACEBOOK UND WORLD OF WARCRAFT

Vergleichen wir die Internetsucht, die sich auf sozialen Netzwerken abspielt, mit der Internetsucht, die ich bei Online-Multiplayer-Spielen beobachte, drängen sich zahlreiche Parallelen auf.

Beide Plattformtypen bieten einen unterhaltsamen und scheinbar unverbindlichen Einstieg. Dass es fortan nur mehr darum gehen wird, die Zeitressourcen des Users zu bündeln, ist zu Beginn kaum ersichtlich.

Beide Plattformtypen nutzen reale Freunde als Anziehungspunkte, wobei sich die echten Freunde schnell in der globalen Community verlieren. Die umgekehrte Entwicklung, nämlich dass sich ein Online-Freund zu einem realen Freund entwickelt, ist nicht vorgesehen.

Beide Plattformtypen achten darauf, dass sich möglichst viele soziale Aktivitäten auf den Sinn und Zweck der Plattform beziehen. Die Plattform liefert sowohl Gesprächsstoff als auch Kommunikationskanäle, um andere soziale Instanzen auszublenden.

Beide Plattformtypen bieten ein pseudosoziales Netzwerk, das den User gleichzeitig von realen Netzwerken, wie zum Beispiel Freundeskreis, Familie oder Sportverein, entfremdet. Die Plattform ist dadurch alternativlos, weil sich die User in einem anderen Umfeld gar nicht mehr zurechtfinden würden.

Beide Plattformtypen sind das Gegenteil von sozial, nämlich gigantische Egomaschinen, weil die individuellen Bedürfnisse anderer Menschen keine Rolle mehr spielen. Während man Skrupel hätte, um drei Uhr nachts einen Freund aufzuwecken, ist es kein Problem, um drei Uhr nachts mit Community-Mitgliedern online zu sein.

Beide Plattformtypen basieren auf der folgenschweren Verwechslung, dass Online-Freunde echte Freunde seien. Dabei handelt es sich bloß um Suchtkumpanen, die dem Suchtmilieu den Anstrich einer funktionierenden Gemeinschaft geben.

Beide Plattformtypen verkaufen sozial Irrelevantes als sozial relevant. Online-Multiplayer-Spiele suggerieren einen Mannschaftsgeschicklichkeitssport und vermitteln dabei nur sinnlose Fertigkeiten, Social Networks verkaufen die Illusion einer wechselseitigen Kommunikationsmaschine, animieren aber nur zu Einwegkommunikation.

Beide Plattformtypen rekrutieren sich aus sozialen Vagabunden. Jeder Freund ist ersetzbar und auch nur so lange ein Freund, wie er dem Zweck der Plattform entspricht, er also als Mitspieler oder Social-Network-Kontakt funktioniert und sich den Usancen der Community unterwirft.

Beide Plattformtypen versprechen Genuss und verführen stattdessen zur Sucht. Wer nicht mehr schlafen kann, weil er nur drei statt fünf Missionen in *World of Warcraft* geschafft hat und beim Stuhlgang das Handy mitnimmt, weil ihn die Angst plagt, irgendeine Statusmeldung zu versäumen, genießt genauso wenig wie der Alkoholiker, der sich um sieben in der Früh seine erste Schnapsminiatur an der Kassa des Supermarkts mitnimmt oder der Heroin-Junkie, der für einen Schuss einer 80-Jährigen die Handtasche klaut.

Beide Plattformtypen basieren nicht auf einer von Grund auf ungesunden Substanz, sondern auf einem an und für sich gesunden Bedürfnis nach Beziehungen. Die dort kultivierten Verhaltenssüchte haben also einen positiven Kern, den die Plattformbetreiber pervertieren.

WIE KAUFSUCHT EXISTENZEN VERNICHTET

Die Kaufsucht gibt es schon sehr lange. Sie ist fest in unserer Gesellschaft verankert und kommt häufiger vor, als wir denken. Dass sich die Kaufsucht relativ unbehelligt von der medialen und gesundheitspolitischen Wahrnehmung ausbreiten konnte, liegt an der sozialen Unauffälligkeit der Betroffenen. Man stelle sich eine große Einkaufsstraße an einem Samstag im Advent vor. Was unterscheidet einen Kaufsüchtigen, der mit drei prall gefüllten Plastiktüten durch die Menschenmenge hetzt von einem Familienvater, der gerade Besorgungen für das Weihnachtsfest macht? Die Kaufsucht ist unauffällig. Mit jeder Shoppingplattform, die im Internet aufmacht, verliert sie weiter an Konturen und ermöglicht ihren Opfern ein Kranksein ohne offensichtliche soziale Makel. Zusätzlich spielt der Kaufsucht die soziale Erwünschtheit von Shopping in die Karten. Mit Schaudern erinnere ich mich an eine Serie wie »Sex and the City«, wo die Drehbuchautoren das wahllose Verprassen von Tausenden von Dollars für Markenschuhe, Markenklamotten und Markenaccessoires als liebenswerten Spleen darstellten. Was bei Carrie, Miranda, Charlotte und Samantha einen witzigen Dialog ergab, katapultiert viele Menschen in eine Suchtspirale. Kaufsüchtige shoppen so lange sie können, reizen dabei sämtliche Überziehungsrahmen aus und machen Schulden. Wenn die Bank den Hahn zudreht, ist vorläufig Schluss. Viele Betroffene stottern dann langsam ihre Außenstände ab, manchmal auch mit Hilfe der Familie. Sobald wieder Geld da ist, geht das ziellose Einkaufen weiter.

Wir Suchtexperten bekommen die Kaufsucht deshalb schwer zu greifen, weil sie meistens nicht in einem so großen ökonomischen und sozialen Supergau mündet wie die Glücksspielsucht. Oft können Freunde, Verwandte und familiäres Umfeld die Kaufschübe finanziell kompensieren. Zwischendurch zieht die Bank Bankomat- und Kreditkarte ein und sorgt so für ein technisches Regulativ. Die Kaufsucht kann also über viele Jahre in ganz unterschiedlicher Intensität brodeln. Es gibt Phasen des totalen Shoppingexzesses, die sich mit Wochen, manchmal sogar Monaten der Zwangsabstinenz abwechseln. Eben weil der Kaufsüchtige immer wieder Pausen einlegt, nimmt er meistens nicht den Kontrollverlust wahr, der ein sicheres Anzeichen für Sucht wäre.

»Zwischendurch kaufe ich wochenlang gar nichts ein«, höre ich immer wieder von Kaufsüchtigen, die mich in meiner Abteilung aufsuchen, »das zeigt doch, dass ich nicht süchtig bin.«

»Gab es einen speziellen Grund für ihre Abstinenz?«

Die Antwort ist stets die gleiche.

»Ja, ich war vollkommen pleite. Ich musste erst meine Schulden zurückzahlen.«

Auch hier muss ein Suchttherapeut mit Psychoedukation beginnen. Die erste Lektion, die ich meinen Kaufsüchtigen beibringe, betrifft den Suchtbegriff. Sucht ist nicht mit einem bestimmten Zeitpunkt abgehakt, nur weil ich meinem Suchtverhalten ab diesem Zeitpunkt nicht mehr nachgehe. Erst recht nicht, wenn der Auslöser der Abstinenz keine selbstmotivierte Entscheidung, sondern ein äußerer Einfluss wie Geldnot war. Ein Kaufsüchtiger ist also auch dann noch kaufsüchtig, wenn er kein Geld zum Einkaufen hat. Zwangsabstinenz ersetzt niemals Therapie.

In meiner Tätigkeit als Psychiater sind mir sogar schon Fälle untergekommen, bei denen Kaufsüchtige viele Jahre ihre Schulden abgestottert haben, ohne in irgendeiner Weise auffällig zu werden. Sie sind fleißig arbeiten gegangen, haben ihr Konsumverhalten auf das Notwendigste beschränkt und jeden Monat ihre Rate überwiesen. Nachdem sie sich mühsam die erlösende schwarze Null auf dem Konto erarbeitet hatten, gab ihnen die Bank die Kreditkarte zurück und schaltete einen kleinen Überziehungsrahmen frei. Bereits am Tag danach kam der große Rückfall und die zermürbende Schadensbegrenzung ging von vorne los. Dass gerade Kaufsüchtige ein so unberechenbares Verhalten ohne medizinisches Sicherheitsnetz an den Tag legen, hat für mich vier Gründe.

Erstens. Die extreme Unauffälligkeit der Kaufsüchtigen macht sie zu Phantomen unseres Spezialgebiets. Sie landen viel zu selten in Beratungsstellen, Arztpraxen und Suchtambulanzen. Die seltene Konfrontation mit Kaufsüchtigen schürt die Illusion, es handle sich um ein Problem von untergeordneter gesellschaftlicher Bedeutung. Die Folgen sind fatal. Die Institutionen schrauben ihr Engagement zurück und stürzen sich auf die sichtbaren Bereiche der Suchtproblematik. Wenn sich also ein Kaufsüchtiger entschließt, Hilfe in Anspruch zu nehmen, fällt es ihm schwer, das richtige Angebot zu finden.

Zweitens. Sucht lässt sich auch dann leichter bekämpfen, wenn die Rahmenbedingungen des Konsums klar abgesteckt sind. Heroin-Junkies treiben sich zumeist an einschlägigen Plätzen im öffentlichen Raum herum. Möchte das System das Problem aktiv bekämpfen, schicken die Verantwortlichen im Verwaltungsapparat Streetworker, die Aufklärungsarbeit leisten und den Süchtigen Therapieangebote schmackhaft machen. Bei den Glücksspielsüchtigen ist es ähnlich. Wir finden sie in Casinos, bei Spielautomaten und auf Glücksspielplattformen im Internet. Damit ist klar umrissen, wo der Spielerschutz beginnt und wo Experten nach Kranken suchen können. Doch wo finden wir die Kaufsüchtigen? Bei Gucci, H&M und Peek & Cloppenburg? Oder doch eher auf Seiten wie *Zalando* und in den Hotlines der Shoppingkanäle? Die richtige Zielgruppenansprache ist die große Krux der Kaufsucht. Ob der Nachbar am Wühltisch ein harmloser Gelegenheitskäufer oder ein pathologischer Süchtiger ist, können nicht einmal wir Experten erkennen.

Drittens. Auch bei der Kaufsucht ist die Industrie willfähriger Komplize der Verhaltenssucht. Die Handelsketten produzieren immer mehr auf Masse, um den Stückpreis zu drücken und die ohnehin niedrige Kaufschwelle über einen Minipreis zu senken. Das bedeutet aber auch, dass es viel mehr Kaufimpulse benötigt, um profitabel zu wirtschaften. Der Kampf um Massenabsatz hat zu Einfällen geführt, die die Kontrollfunktionen von Banken und Kreditkarteninstituten aushebeln sollen. Um den Konsumenten immer öfter über die Schwelle der eigenen finanziellen Möglichkeiten zu treiben, greifen die Handelsketten zum Beispiel auf verführerische Ratenmodelle zurück, die in Kombination mit dem Kontrollverlust der Kaufsucht zu desaströsen Konsumschulden führen können. Ich zitiere aus einer Anzeige eines bekannten

Elektronikmarktes. »0% Technikfinanzierung«, steht da in fetten Lettern, und »36 kleine Monatsraten«. Doch es kommt laut der Anzeige noch besser. »Keine Zinsen, 0% Effektivverzinsung, keine Zusatzkosten«, und all das schon ab einem »Einkaufswert von 299 Euro«. Natürlich unterliegt dieser Deal einigen Bedingungen. »Bankübliche Bonitätskriterien vorausgesetzt. Finanzierungsentscheidung obliegt unserer Partnerbank.« Ich kann Ihnen aber versichern, dass diese Bonitätsprüfung auch bei einer Vielzahl von Kaufsüchtigen problemlos funktioniert. Entscheidend ist, dass die großen Ketten mit ihrem Vorstoß ins Ratengeschäft punktgenau die Suchtmechanismen von Kaufsüchtigen bedienen. Die Stückelung in »kleine Monatsraten« suggeriert, dass das Startkapital für eine Anschaffung sehr gering ist. Das weckt die Hoffnung, noch mehr Käufe tätigen und das Belohnungszentrum damit noch öfter stimulieren zu können. Dabei vergessen die Süchtigen ein ganz entscheidendes Detail. Ein Elektronikmarkt ist kein Ein-Euro-Shop. Während sich Konsumenten dort dank Wäscheklammern, Kerzen, Traumfängern und anderem Krempel zwanzig Dopaminausstöße um bare zwanzig Euro holen, gibt es bei einem Elektronikmarkt für den Laptop einen Dopaminausstoß, an den sich der Käufer 36 weitere Male schmerzlich erinnert, wenn er den Einkauf mit einer Monatsrate von seinem ohnehin schon überzogenen Konto abstottern muss. Dabei hat sich der Kauf wegen der »0% Technikfinanzierung« so gut angefühlt. Im Übrigen ist es ziemlich wahrscheinlich, dass der Computer eineinhalb Jahre nach der Kaufentscheidung noch immer unausgepackt in einer Ecke steht. In den Gezeiten der Sucht erfüllt nämlich ein Laptop vom Elektronikmarkt dieselbe Funktion wie ein Handbesen aus dem Ein-Euro-Shop. Er dient der kurzfristigen Suchtbefriedigung und wird nachher nicht mehr gebraucht. Insofern ist die Behauptung »keine Zusatzkosten« für den Kaufsüchtigen eine glatte Lüge. Denn der unnötige Computer kostet ihn wertvolle Liquidität und schraubt den Gesamtschuldenstand Monat für Monat in die Höhe, was wiederum Überzugszinsen und Lebensqualität kostet. Fragt sich nur, warum eine sogenannte »Partnerbank« bei solch einem Wahnsinn mitspielt.

Viertens. Die Banken haben sich nicht nur auf den Finanzmärkten weit aus dem Fenster gelehnt, sie waren auch viele Jahre bereit, beim Privatkundengeschäft gewisse Risiken einzugehen. So ein Risiko war zum Beispiel, einen gewaltigen Überzug bei einem Girokonto hinzunehmen, weil die Bank dafür bis zu 13 Prozent Zinsen kassierte, während sich die Habenzinsen im niedrigen Zehntelbereich bewegt haben. Reden wir Klartext. Überzogene Girokonten waren ein Spitzengeschäft für Geldinstitute. Deshalb ergriffen Bankberater nur selten die Initiative, wenn es darum ging, eine Umschuldung vom Girokonto hin zu einem viel günstigeren Kreditprodukt einzuleiten. Sie spekulierten lieber darauf, dass ein Schuldner auch bei gigantischen 13 Prozent Zinsen langsam aber stetig seine Außenstände abbaut. Eine derartige Verzögerungsstrategie ist insofern höchst verwerflich, weil jeder Bankberater einen Überblick über die Transaktionen seiner Kunden hat. Wenn das Warnsystem anschlägt, kann ein Bankberater mit etwas Erfahrung erkennen, dass es ein Problem gibt, das weit über die ökonomische Dimension hinausgeht. In solchen Fällen wäre es eigentlich an der Zeit gewesen, den Kunden um ein vertrauliches Gespräch zu bitten und ihn gegebenenfalls zur Schuldnerberatung weiterzuvermitteln. Stattdessen sahen viele Bankberater tatenlos zu, bis der teure Überziehungsrahmen bis zum letzten Cent ausgereizt war. Während der Wirtschaftskrise war dann alles anders. Als unbedarfter Beobachter der Bankenszene hätte man fast glauben können, die Banken seien verantwortungsbewusster geworden. Immer mehr Bankberater suchten den Kontakt zu ihren Kunden, Überziehungsrahmen wurden gekürzt und zusätzliche Bonitätsinformationen, zum Beispiel Steuererklärungen, eingefordert. All das hatte aber nichts mit einem neuen Verantwortungsbewusstsein zu tun. Aufgrund der katastrophalen Verluste am Immobilien- und Finanzmarkt war es den Banken kurzfristig lieber, ausgeglichene Girokonten ohne langfristig profitable Wucherzinsen zu haben, als auch hier Totalausfälle zu riskieren. Dieses Bild hat sich gewandelt, seit die Konjunktur nach oben zeigt. Teure Überziehungen sind wieder erwünscht, die Kaufsüchtigen haben einen alten Komplizen zurückgewonnen.

Der Kampf gegen die Kaufsucht ist gerade für uns Suchtexperten zermürbend. Sobald wir gegen die krankhaften Auswüchse der Konsumkultur auftreten, bezeichnen uns Vertreter der Industrie als weltfremd und wirtschaftsfeindlich. Während wir bei der Spielsucht sehr viel darüber nachdenken, wie wir die Behandlung effizienter gestalten könnten, müssen wir bei der Kaufsucht einen Schritt früher ansetzen. Wir müssen das Wissen um die Gefahren des exzessiven Konsums erst in das kollektive Bewusstsein einpflanzen. Ich rede immer wieder mit Vertretern der Industrie, um über ökonomische Unterstützung für unsere Ambulanz zu verhandeln. Ich bin nämlich der Ansicht, dass diejenigen, die einen Schaden mit verursachen, auch zur Wiedergutmachung beitragen sollten. Mein außerklinisches Engagement macht bei der Spielsucht aber nur einen Bruchteil der Gesamtarbeit aus. Das Gros meiner Zeit gehört den Süchtigen. Bei der Kaufsucht sind die Relationen etwas anders. Obwohl unsere überfüllten Shoppingtempel von einer Heerschar an Suchtgefährdeten zeugen, verirren sich nur wenige Betroffene in unsere Ambulanz. Dafür gibt es einen einfachen Grund. Einkaufen ist längst eine Kulturtechnik, wie Sprechen, Schreiben oder Lesen. Es erfüllt sogar eine Integrationsfunktion. Genauso wie früher alle über eine Samstagabendshow oder ein Sportereignis gesprochen haben, sind heute Schnäppchen, Neueröffnungen und Fotos von shoppenden Promis Thema Nummer eins. Der Kontrollverlust findet also unter dem Deckmantel einer sozial anerkannten Tätigkeit statt, deren Siegeszug auch noch als Messlatte für den Erfolg einer Volksökonomie gilt. Die zivilisierte Welt ist überall dort, wo Apple, Mango und Nike ihre Flagship-Stores haben. Einkaufen spielt also nicht nur im Leben des Individuums eine Rolle, es ist längst zum Wohlstandsmythos geworden. Umso schwieriger ist es, eine anerkannte Kulturtechnik wie das Einkaufen mit dem angstbesetzten Thema Sucht in Verbindung zu bringen.

Dementsprechend viel Zeit müssen meine Kollegen und ich in Aufklärungsarbeit investieren. Aufklären heißt zum Beispiel, dass ich immer wieder Interviews in Magazinen gebe, in denen ich über die Schattenseiten des Konsums spreche. Sowohl Kaufsüchtige als auch deren Angehörige müssen verstehen, dass es sich beim maßlosen Shoppen nicht um einen hippen Trend aus einer amerikanischen TV-Serie, sondern um eine ernsthafte Suchterkrankung handelt.

Als schwierigste Hürde erweist sich immer der Selbstbetrug, den Kaufsüchtige mit Hilfe der Konsumindustrie begehen. Das Suchtverhalten wird nicht mit einem großen Ziel, wie etwa der Wohlstand beim Glücksspielsüchtigen, gerechtfertigt. Es geht immer um rational begründeten Bedarf. Der neue LED-Fernseher schont die Augen, das neue Auto braucht weniger Benzin, das neue Regal sorgt für mehr Ordnung. Reichen die eigenen Bedürfnisse nicht mehr aus, um den krankhaften Konsum zu rechtfertigen, werden altruistische Motive vorgeschoben. Kaufsüchtige neigen zu überproportional großen Geschenken, die sie auch zu nichtigen Anlässen verteilen. Dieses Phänomen führt dazu, dass einem Kaufsüchtigen oft auch die Kontrollinstanz im Freundes- und Familienkreis fehlt. Das Umfeld hält den Kaufsüchtigen für einen besonders großzügigen Menschen und belohnt das krankhafte Verhalten mit Zuwendung und widerspruchsloser Akzeptanz. Die Suche nach Beziehung ist also kurzfristig von Erfolg gekrönt, das Belohnungszentrum bedankt sich mit Dopamin. Dabei ist Schenken in diesem Fall kein sozialer Akt, sondern ein verzweifeltes Suchtverhalten, weil es ums Kaufen und nicht ums Geben geht. Trotzdem ist die kaufsüchtige Tante meistens beliebter als der Onkel, der nur zu Weihnachten und zu Geburtstagen ein kleines Geschenk gibt. Viele Familien belohnen Kaufsucht also.

Obwohl das Bemühen, für Kaufsucht zu sensibilisieren, noch in keiner Relation zu den Süchtigen steht, die tatsächlich Hilfe suchen, müssen wir unser Engagement weiter erhöhen. Die Kaufsucht hat es nämlich auf das schwächste Glied unseres gesellschaftlichen Gefüges abgesehen. Sie infiltriert Kinder und Jugendliche, ihre Profiteure streben nach einer Sozialisation, die Konsum zu einer maßgeblichen Instanz in der Entwicklung eines jungen Menschen macht.

Als die Sozialwissenschaften im Rahmen der Sozialisationsforschung begonnen haben, bei Kindern vom »Modelllernen« zu sprechen, meinten sie in erster Linie das Lernen anhand von Vorbildern aus dem unmittelbaren sozialen Umfeld. Sozialisation ist also an reale Beziehungen gekoppelt, die Menschen Orientierung im Alltag geben. Das können Eltern, Geschwister, Vertrauenspersonen aus dem elterlichen Umfeld, aber auch Kindergartenpädagogen, Lehrer und Erzieher sein. Die Kommunikationswissenschaft tritt schon seit längerem für eine umfassendere Betrachtungsweise ein. Sie spricht immer wieder von Medien als Sozialisationsinstanzen und weitet das Modelllernen auf medial inszenierte Persönlichkeiten aus. Wenn die Profiteure der Konsumgesellschaft weiter so effizient agieren, müssen wir den Begriff des Modelllernens komplett neu definieren. Kids orientieren sich dann nicht mehr an ihrem familiären Umfeld und an medialen Helden wie Superman oder Barney Stinson aus »How I Met Your Mother«, sondern auch an Figuren aus der Limonadenwerbung oder am neuesten Glücksspiel-Werbestar, egal ob er Boris Becker, John Cleese oder Ronaldo heißt. Sind die jungen Menschen, beziehungsweise ihre Schutzbefohlenen, dem Konsumdruck erlegen, sind es auch Figuren aus digitalen Parallelwelten, die das Denken und Handeln der Jüngsten beeinflussen.

In einem Artikel der sächsischen Tageszeitung *Freie Presse* aus dem März 2010 las ich folgende Analyse:

In Level 16 wird Schiggy zu Schillock, in Level 36 zu Turtok. Pokémon-Fans kennen die Entwicklungsstufen der Kampf-Schildkröte aus der Nin-

tendo-Welt aus dem Effeff. Das belegen einschlägige Chat-Foren im Internet. Ergebnissen einer Umfrage zufolge kann die Mehrheit der befragten Kinder sogar eine Vielzahl der inzwischen an die 500 Fantasiewesen aus der Pokémon-Welt aufsagen. Dafür fehle inzwischen das Wissen über die Umwelt außerhalb des kleinen Bildschirms, berichtet Biologie-Professor Marcus Hammann. Amsel, Drossel, Fink und Star? Von wegen – »selbst die heimischen Vogelarten kennen die meisten kaum noch«, sagt der Wissenschaftler von der Universität Münster. Hammann arbeitet daran, Lehrmethoden für den Biologieunterricht zu verbessern. Die »rasante Entwicklung« hat den Bundesweiten Arbeitskreis staatlich getragener Natur- und Umweltbildungsstätten jetzt zu einer Warnung veranlasst: Die Deutschen entwickelten sich zur Nation der Natur-Analphabeten. »Kinder können sich Automarken besser merken als Tierarten, Klingeltonsequenzen besser als Vogelstimmen«, beklagt der Vorsitzende des Arbeitskreises Claus-Peter Hutter, der »schlimme Folgen für unsere Gesellschaft« befürchtet. Über Jahrhunderte überliefertes Wissen breche weg. Und was man nicht kenne, könne man nicht schützen. »Da verschwinden Dinge, und wir merken es nicht einmal mehr«, sagt er.

Was eigentlich als Statement zum sogenannten »Natur-Analphabetismus« gedacht war, ist gleichzeitig ein beängstigender Befund über das Grundübel jugendlicher Konsumexzesse. Der »klassische« Junkie schießt sich Heroin in die Venen, um sich in eine dopamingeschwängerte Rauschwelt zu flüchten. Der konsumgetriebene Jugendliche versinkt in einer produktgetriebenen Rauschwelt, die ihm Glück und sozialen Halt suggeriert. Um in dieser Welt bestehen zu können, muss ein Jugendlicher immer neue Kaufakte setzen. Er braucht Konsole, Controller, Spiele, Fortsetzungen von Spielen und Spiele-Zeitschriften, um sogenannte »Cheats«, also geheime Codes für schnelleren Spielerfolg, zu checken. Zusätzlich unterstreichen Merchandising-Artikel den Kultcharakter des Spiels und sorgen so für Extra-Umsätze und permanente Hinweise in der realen Welt. Fortan trinkt der jugendliche oder kindliche Spieler aus Pokémon-Trinktassen, isst von einem Pokémon-Teller, zieht sich in der Früh ein Pokémon-T-Shirt an und packt sein Wurstbrot in eine Pokémon-Brotbüchse, die er in einen Pokémon-Schulrucksack steckt. Auf dem Weg in die Schule macht er bei einem Tabakgeschäft halt, wo er sich Sticker für sein Pokémon-Album kauft, die er später mit Schulkameraden tauscht. Bei dieser Gelegenheit sprechen die jugendlichen Spieler über die jüngsten Erfolge im Computerspielkosmos. »Schiggy« steht für Versagen, »Turtok« für soziales Prestige. Soziale Beziehungen sind fortan mit Kaufakten rund um die Pokémon-Welt verknüpft.

Hat der Spieler einmal das letzte Level erreicht, geht die ganze Kauf-Odyssee von vorne los, weil Platzhirsche wie Sony, Microsoft oder Nintendo auf den großen Spielemessen mittlerweile neue Konsolen mit noch besserer Grafik und raffinierteren Interaktionselementen präsentiert haben. Es wird also munter weiter gekauft, um Teil einer Rauschwelt zu bleiben, in der sich »Pokémon«, »Super Mario« und »Sims« zu maßgeblichen Sozialisationsinstanzen aufgeschwungen haben. An dieser Stelle verschwimmen die Grenzen zur Online- und zur Spielsucht. Alles wird zu einem komplexen Synonym für Beziehungen. Der Spieler muss immer weiter kaufen, zocken, online sein, um die Grundlage für Beziehungen in der realen und virtuellen Welt zu schaffen und zu erhalten.

Ich nenne so etwas Suchterziehung. Die Kauf- und Konsumsucht ist eine Art Initiation, die den Sockel für viele weitere Verhaltenssüchte darstellt.

Man mag sich an dieser Stelle fragen, wo der Erziehungsauftrag der Eltern geblieben ist. Wäre es nicht die Aufgabe von Mutter und Vater, die falschen Verheißungen der Kaufsucht und ihrer Ausläufer im Keim zu ersticken? Theoretisch mag das stimmen. Praktisch sind die Suchterzieher in den Marketingabteilungen der Konsumgüterindustrie so ausgeschlafen, dass sie Kontrollinstanzen geschickt umgehen. Das erklärte Ziel lautet, den Shoppingnachwuchs zu »mündigen« Süchtigen zu machen. Halten wir uns das Süßigkeitenregal an den Supermarktkassen vor Augen. Die Entscheidung, bei einem ungesunden Schokoriegel zuzugreifen, geht nicht von einem verantwortungsbewussten Elternteil aus. Der Kaufimpuls entsteht durch ein quengelndes Kind, das sich in der Warteschlange furchtbar langweilt. Genau dieses Prinzip hat die Konsumgüterindustrie für sich entdeckt. Wenn in der Werbekampagne einer Textilkette mädchenhafte Models von der Plakatwand lächeln, hat das zum einen mit der berühmt-berüchtigten »Size Zero«, also Kleidergröße 32, zu tun, in die kaum eine gesunde Frau passt, und zum anderen paradoxer Weise mit dem Bestreben, ein möglichst realitätsnahes Rollenmodell abzubilden. Mädchen sollen sich mit den kindlichen Models identifizieren und fortan Druck auf ihre Eltern ausüben, bei der beworbenen Textilkette einzukaufen.

In der Handywerbung wenden die Marketingexperten ähnliche Tricks an. Statt sich in der Werbung auf Kernfunktionen wie Telefonie oder mobile Online-Kommunikation zu beschränken, setzen immer mehr Anbieter auf jugendaffine Produktportfolios, die Spiele, Musikdownloads, Klingeltöne aus den Charts und soziale Netzwerke zum integralen Bestandteil des Produktversprechens machen. Im Prinzip bedeutet das extrem ungesunden Konsum für eine extrem junge Zielgruppe. Wenn ein Jugendlicher in jeder Sekunde seines jugendlichen Lebens eine Konsumentscheidung treffen kann, indem er über das Handy eine Spiele-App kauft, ein Lied vom iTunes-Store herunterlädt oder über die mobile Version von *Amazon* ein Computerspiel bestellt, und all diese Entscheidungen auch noch durch ein sogenanntes »Jugendkonto« gedeckt sind, ist es nur mehr ein kleiner Schritt zum totalen Kontrollverlust. Alle Zeichen stehen dann auf Sucht.

Kinder und Jugendliche sind leichter formbar. Das weiß die Industrie. Deshalb macht sie Konsum zu einer Jugendkultur, deren Anhänger sich nicht mehr über Bands oder einen bestimmten Dresscode, sondern über Konsum als Selbstzweck definieren.

DAS FALSCHE BEISPIEL DER ERWACHSENEN

Es wäre ein bisschen einfach, die Schuld an der »Suchterziehung« nur der Konsumgüterindustrie in die Schuhe zu schieben. Sozialisation und Modelllernen heißt auch, dass mündige Menschen für sich selbst und für andere, insbesondere für Schutzbedürftige, Verantwortung übernehmen müssen. Ein Elternteil ist Modell für die Verhaltensmuster der Kinder. Geht das Modell ständig shoppen, wird das lernende Subjekt diesem Vorbild folgen. Aber wie erkenne ich selbst, ob ich als Erwachsener so ein »schlechtes Vorbild« bin.

Erstens. Wer sich schlecht fühlt, wenn er nicht einkaufen geht, ist suchtgefährdet.

Zweitens. Wer immer häufiger einkaufen gehen muss, um denselben Level an Zufriedenheit zu erreichen, der sich früher schon bei geringerer Einkaufsfrequenz eingestellt hat, ist suchtgefährdet.

Drittens. Wer gar kein Glücksgefühl mehr beim Einkaufen empfindet, sondern nur mehr negative Empfindungen ausgleicht, ist suchtgefährdet.

Viertens. Wer von außen Feedback bekommt, dass das eigene Konsumverhalten abnorm ist, beziehungsweise feststellt, dass sich das eigene Konsumverhalten drastisch von jenem des Umfelds unterscheidet, sollte zumindest in Erwägung ziehen, dass er vielleicht suchtgefährdet ist.

Fünftens. Wer von einer profilierten Institution wie der Schuldnerberatung zum Beispiel im Rahmen einer Schuldenregulierung den Hinweis bekommt, dass das eigene Konsumverhalten pathologisch sein könnte, ist mit ziemlicher Sicherheit süchtig.

In allen fünf Fällen rate ich, einen Spezialisten zu konsultieren. Mehr, als dass es sich um einen falschen Alarm handelt, kann nicht passieren.

Wohin es führen kann, wenn ein Mensch an der Schwelle zur Kaufsucht alle Warnsignale ignoriert, soll ein Beispiel aus meiner psychiatrischen Praxis zeigen.

Eine Frau um die Vierzig kam zu mir in die Suchtambulanz, weil sie einen Schuldenstand im mittleren sechsstelligen Bereich angehäuft hatte. Die Schuldnerberatung hatte ihren exzessiven Konsum als potentielle Kaufsucht eingestuft und sie deshalb zu mir geschickt. Die Einschätzung der Berater erwies sich als richtig. Die Frau litt an einer Kaufsucht, wie ich sie in dieser extremen Form noch nicht erlebt hatte. Dabei erstaunte mich vor allem die Banalität, mit der sich die Sucht in das Leben der Patientin geschlichen hatte. Es gab kein schweres Trauma, keine verdrängten Missbrauchserlebnisse und auch keine frappanten Lebenskrisen. Das Einkaufsverhalten der Frau unterschied sich kaum vom Durchschnitt anderer Österreicherinnen. Nach einem frustrierenden Arbeitstag ging sie gerne in die Stadt, um ein bisschen »Window-Shopping« zu machen. Das Flanieren von Schaufenster zu Schaufenster tat ihr gut. In den meisten Fällen blieb es bei der bloßen Betrachtung. Ab und an kaufte sie sich ein Kleidungsstück oder ein Paar Ohrringe, wobei ihre Kaufentscheidungen durchaus zweckmäßig waren. Als Wendepunkt bezeichnete die Frau den Kauf einer Tasche, die für ihre ökonomischen Verhältnisse etwas zu teuer war und die sie sich trotzdem gönnte.

»An diesem Abend war ich wirklich glücklich«, erzählte mir die Patientin. Zwei zentrale Probleme traten in den Hintergrund, nämlich der Frust bei der Arbeit und die Einsamkeit, die die Frau als Single empfand. Üblicherweise schaukelten sich die beiden Probleme gegenseitig hoch. Das Nicht-Vorhandensein von privaten Beziehungen senkte die Frustrationstoleranz der Patientin und erschwerte ihr den Arbeitsalltag. Die daraus resultierenden Konflikte strahlten aufs Privatleben ab, was die Suche nach sinnstiftenden

Beziehungen fast unmöglich machte. Beide Probleme erschienen im Lichte des Taschenkaufs irrelevant. Die Frau entdeckte eine gefährliche Form von Kompensation. Sie setzte sich mit der Tasche auf die Couch, betrachtete sie immer wieder und strich mit der Hand über das hochwertige Material. Damit simulierte sie den Kontakt zu einem Menschen, sie simulierte Beziehung, sie simulierte Partnerschaft und sie simulierte das Glücksgefühl, das sie aus all dem hätte ziehen können. Aus dieser absurden Verwechslung entwickelte sich ein Verhaltensmuster. Mit der Zeit wurden aus den Damenhandtaschen immer größere Objekte. Sie entdeckte Möbel als Symbol für Häuslichkeit. Die Handtasche war ein Symbol für einen Partner gewesen, den sie im Arm halten konnte. Nun kamen Sofa und Sessel hinzu, wo dieser symbolische Partner hätte sitzen können, und ein Schrank, wo er die Kleider hätte aufbewahren können. Durch das Kaufen von Gegenständen entstand ein Geflecht aus symbolischen Beziehungen. Sukzessiv stillte die Patientin ihre Sehnsucht mit der Suche nach immer neuen Gegenständen, die das symbolische Beziehungsleben vervollständigen sollten. Bereits nach kurzer Zeit schlugen die Mechanismen der Sucht zu. Der Gewöhnungseffekt würgte das Glücksgefühl ab und ersetzte es durch eine quälende Leere, die sich immer dann einstellte, wenn sie nicht einkaufen ging. In der Folge wurde der Konsum zum Selbstzweck. Das Glück im vermeintlichen Beziehungsleben schrumpfte zu einem vagen Gefühl, dem die Frau vergeblich hinterherjagte, bis sie es ganz vergessen hatte und nur mehr an der Vermeidung von Entzugserscheinungen arbeitete. Damit war sie eine Süchtige. Um ihre Verhaltenssucht ausleben zu können, wandte die Frau allerlei Tricks an. Sie eröffnete bei sämtlichen Banken Konten und Kreditkarten, beantragte aber nie überbordende Überziehungsrahmen. Dank ihrer Shoppingerfahrungen wusste Sie genau, ab welchem Überziehungsrahmen Banken ausführliche Bonitätsauskünfte einholen. Dadurch blieb sie unauffällig und konnte bei zahlreichen Instituten Konto- und Kreditkartenschulden mit horrenden Überzugszinsen anhäufen. Bei finanziellen Engpässen wandte die findige Dame Shoppingstrategien an, die fast ohne Bargeld auskamen. Dazu zählten langfristige Ratenzahlungen bei Möbelhäusern und Elektronikketten, aber auch Handyverträge, zu denen es ein Mobiltelefon »gratis« dazu gab. Die monatlichen Abbuchungen, die aus solchen Vereinbarungen resultierten, blendete die Kaufsüchtige vollkommen aus. Sie strebte nur nach dem punktuellen Glückskick des Kaufaktes. So konnte es vorkommen, dass die Frau an nur einem Tag mehrere Flagship-Stores von Mobilfunkern abgraste, um sich gegen langfristige Knebelverträge die neuesten Smartphones von Apple, Samsung und Nokia nahezu zum Nulltarif abzuholen. Die großen Mobilfunkanbieter stellten gerne auch noch einen zweiten oder sogar dritten Vertrag aus. Die Kundin musste nur von einem »Zweittelefon für geschäftliche Zwecke« oder einem nahestehenden Familienmitglied erzählen, für das das Handy gedacht sei. Irgendwann war dann Schluss mit dem hochoffiziellen Verträgesammeln in den schicken Markenwelten der großen Mobilfunkanbieter, vielleicht auch deshalb, weil die ersten Abbuchungsaufträge wegen mangelnder Deckung ins Leere gegangen waren. Fortan musste meine kaufsüchtige Patientin auf dubiose Handyshops ausweichen, die abseits der großen Einkaufsstraßen ihren Geschäften nachgingen. Dort gab es wieder Verträge mit Gratishandys, weil das Kontrollnetz der Betreiber im Sinne der eigenen Provision nicht ganz so engmaschig war. An den monatlichen Kosten änderte das natürlich nichts. Als mich die Patientin aufsuchte, liefen rund zwanzig Mobilfunkverträge auf ihren Namen. Die dazugehörigen Abbuchungen sorgten für immer mehr Schulden, gigantische Verzugszinsen und jede Menge Mahnspesen. Die Telefone selbst erfüllten neben der kurzfristigen Suchtbefriedigung noch einen anderen Zweck. Die Frau nahm die originalverpackten Top-Modelle und machte sie via Online-Marktplätzen und Handyshops zu Geld. Die neu gewonnen Barmittel verwendete sie, um ihre Kaufsucht abseits der Mobilfunkbranche auszuleben.

Ich hasse Floskeln. Die für mein Betätigungsfeld schrecklichste Floskel lautet:

»Lebe für den Moment.«

Anhand der Kaufsüchtigen lässt sich nachvollziehen, wie schwachsinnig so ein Satz ist. Sie lebte wirklich ausschließlich für den Moment, in dem es eigentlich nur um die unmittelbare Suchtbefriedigung und nicht um Konsequenzen ging. »Im Moment zu leben« bedeutete für die Kaufsüchtige, den Entzugserscheinungen aus dem Weg zu gehen. Das Leben »für den Moment« führte bei meiner Patientin dazu, dass die Mobilfunkanbieter Anzeige erstatteten und für alle offenen Forderungen pfänden ließen, sofern es überhaupt noch etwas zu pfänden gab.

Die Auswüchse der Verhaltenssucht beschränkten sich irgendwann nicht mehr auf exzessive Shoppingtouren und überzogene Bankkonten. Die Sucht eroberte Stück für Stück das Heim der Patientin. Weil es ihr immer nur um den Kaufakt und nie um den eigentlichen Sinn und Zweck eines Gegenstands ging, hortete sie Unmengen an nutzlosem Zeug, das den Großteil der Wohnung okkupierte. Weil die Möbelhäuser so attraktive Ratenmodelle anbieten, verlagerte sich ihr Suchtverhalten zunehmend in die Betten-, Wohnzimmer- und Sofaabteilungen der großen Handelsketten. Sobald ein Kauf getätigt war, wanderten die Möbel direkt vom Lieferwagen in den Keller, wo sie originalverpackt verrotteten. Der Anblick der verstellten Wohnung und des vollen Kellerabteils, in dem sich bis zur Decke unbenutzte, ja nicht einmal ausgepackte Schränke, Regale, Sessel und andere Möbelstücke stapelten, erfüllte die Kaufsüchtige mit so viel Scham, das sie in eine scheinbar ausweglose Isolation schlitterte. Ihre Suche nach Beziehung hatte zu totaler Beziehungslosigkeit geführt. Die Abwärtsspirale ging immer weiter, da sie versuchte, Frust und Einsamkeit mit immer weiteren Kaufakten zu kompensieren.

Einmal wagte es meine Patientin, sich einem Familienmitglied anzuvertrauen. Sie sprach über ihr exzessives Konsumverhalten, dann nahm sie ihren ganzen Mut zusammen und führte die Vertrauensperson in den vollgeräumten Keller. Die Reaktion ist typisch für die Überforderung der Angehörigen von Süchtigen.

»Reiß dich einfach zusammen und hör auf mit dem sinnlosen Shoppen«, bekam sie zu hören. In solchen Reaktionen spiegelt sich das Suchtverständnis der Mehrheitsgesellschaft wider, die Kaufsucht nicht als Krankheit anerkennt. Eben weil das Krankheitsbewusstsein fehlt, glauben die Angehörigen, an die Vernunft der Betroffenen appellieren zu können. Dabei ist der Appell an Süchtige, sich endlich »zusammenzureißen« genauso sinnvoll, wie wenn ein Onkologe einem Krebskranken im Zuge einer Chemotherapie sagt, er solle sich nicht so anstellen. Krankheit bedeutet eben auch, Opfer zu sein. Und Opfersein bedeutet Kontrollverlust jenseits jeglicher Rationalität. Das gilt auch für Opfer von Verhaltenssüchten.

Gesteht also jemand ein suchtbehaftetes Verhalten ein, das uns in unserem eigenen Alltag wie ein vollkommen normales Verhalten vorkommt, sollten die Eingeweihten drei Regeln beachten.

Erstens. Im ersten Moment klingt das Geständnis, nach »Shoppen« süchtig zu sein, kokett, unter Umständen sogar lustig. Unweigerlich erinnern wir uns an diverse Frauenserien, in denen die Protagonistinnen immer wieder beteuern, süchtig nach Schuhen oder bestimmten Designern zu sein.

In Wahrheit ist das Geständnis, kaufsüchtig zu sein, eine schambehaftete Überwindung, die den ganzen Mut der Betroffenen erfordert. Wer eingeweiht wird, sollte nicht lachen und auch nicht an die Ratio appellieren mit Sprüchen wie »Reiß dich einfach zusammen« oder »Das wird schon wieder«. Es geht vielmehr um Empathie, wie wir sie auch einem Krebskranken oder einem Schwerverletzten zu Teil werden lassen. Angemessene Reaktionen wären zum Beispiel Mitgefühl, das sich in liebevollen Beziehungsangeboten widerspiegelt, oder eine ehrlich gemeinte Hilfsbereitschaft, die sich auf die professionelle Bewältigung des Problems bezieht.

Zweitens. In der gesellschaftlichen Wahrnehmung ist Sucht nicht gleich Sucht. Bei einem Heroinsüchtigen liegt die Dramatik der Situation auf der Hand. Der Gesetzgeber bedroht ihn mit strafrechtlichen Konsequenzen, die Gesellschaft drängt ihn an den Rand, die Konsumgewohnheiten führen zu physischem Verfall und sichtbarer Kriminalität. Wer erfährt, dass ein Mensch heroinsüchtig ist, weiß, dass Gefahr im Verzug ist. Bei einer Verhaltenssucht wie der Kaufsucht beobachte ich oft eine Verharmlosung der Problematik. Die Betroffenen tun ja nichts Illegales, sie liegen auch nicht benommen im Rinnstein. Ihr Äußeres ist überdurchschnittlich gepflegt, weil sie immer auf der Jagd nach neuen Produkten sind und die Dealer lauern nicht in dunklen Hauseingängen, sondern in überfüllten Einkaufspalästen. Dennoch haben beide Süchte denselben Ursprung, nämlich die Suche nach Beziehungen. Sie haben denselben Wirkungsmechanismus, indem sie auf die Stimulation des Belohnungszentrums abzielen, ihre destruktive Wirkung mündet in sozialer Isolation, Existenzvernichtung und Perspektivlosigkeit. Nur weil der Weg in den Abgrund einen unterschiedlichen Glamourfaktor hat, ist das eine nicht schlimmer als das andere. Kaufsucht ist also keine »Suchtkrankheit light«. Unser Gesundheitssystem muss ihr mit derselben Ernsthaftigkeit begegnen wie den Substanzsüchten.

Drittens. Psychische Erkrankungen sind stigmatisiert. So gut wie jeder gesunde Mensch schließt aus, dass er irgendwann davon betroffen sein könnte. Für Verhaltenssüchte gilt aber genauso wie für Erkrankungen wie Schizophrenie, Depression oder Angststörungen, dass sie wirklich jeden heimsuchen können. Letztendlich ist es immer eine Mischung aus Veranlagung, persönlicher Entwicklung und Umweltproblematik, die eine Krankheit zum Ausbruch bringt. Alle drei Komponenten sind zwar beeinflussbar, aber niemals zu einhundert Prozent beherrschbar. Wenn ein Kaufsüchtiger also seine Sucht eingesteht, wäre es fatal, eine Form von moralischer Überlegenheit an den Tag zu legen. Ein Kaufsüchtiger ist, und das gilt auch für alle anderen Süchtigen, kein besserer oder schlechterer Mensch als sein gesundes Gegenüber. Er hat dort Kontrolle verloren, wo sie ein gesunder Mensch hat. Wer sich das vor Augen hält, kann einem Süchtigen jenes wertschätzende Verhalten entgegenbringen, das für eine Heilung so wichtig ist.

Meine kaufsüchtige Patientin kam die ersten Monate verlässlich in die Behandlung. Die Psychotherapie, das Betreuungsnetz der Schuldnerberatung, aber auch das spartanische Leben am absoluten Existenzminimum zeigten Wirkung. Die Kaufsüchtige blieb abstinent.

Dennoch kann ich nicht von einer Heilung sprechen. Wie viele Süchtige dachte auch die Patientin mit dem obsessiven Kaufverhalten, dass sie gesund sei, nur weil sie eine gewisse Zeit lang ihrer Verhaltenssucht nicht mehr nachgegeben hatte. Sie verlor die Therapiemotivation, sagte immer wieder Termine ab und relativierte in unseren Gesprächen die anfängliche Krankheitseinsicht. Das Beunruhigende daran ist, dass genau dieses Verhalten nach der Akutphase integraler Bestandteil der Sucht ist. Es handelt sich um einen Teil der Selbstlüge, der dazu dient, die Scham der chronischen Suchterkrankung endlich von sich wegschieben zu können.

»Ja, früher war ich süchtig. Kaufsüchtig. Aber jetzt bin ich es nicht mehr«, sagte meine Patientin.

»Warum nicht?«, wollte ich wissen.

»Ich habe jetzt drei Monate lang nichts mehr gekauft.«

»Aber Sie haben doch gar kein Geld, um einkaufen zu gehen. Sie werden bis aufs Existenzminimum gepfändet. Wie wollen Sie da einkaufen gehen?«

»Gestern habe ich wieder meine monatlichen 200 Euro aufs Konto bekommen und habe das Geld nicht verprasst. Das ist doch der Beweis, dass ich nicht mehr süchtig bin.«

Spätestens hier verfiel meine Patientin wieder in die alten Beschwichtigungsmuster, die sie in der Zeit der schweren Sucht verinnerlicht hatte, um sich vor der Häme und den mitleidigen Blicken der Mitmenschen zu schützen.

Ich probierte es wieder mit Psychoedukation.

»Sie sind Opfer einer chronischen Krankheit. ‚Chronisch' bedeutet, dass die Krankheit auch immer noch latent da ist, wenn sie ihre Auswirkungen gar nicht spüren. Ihre Erfolge sind wunderschön, aber die meisten Rückfälle kommen innerhalb des ersten halben Jahres nach Therapieende. Sie sind also noch lange nicht geheilt.«

Es half nichts. Meine kaufsüchtige Patientin kam nach Abschluss der Therapie nicht mehr in die Nachbetreuung, obwohl ich genau diese Nachbetreuung als wichtigsten Teil der Suchtbehandlung sehe. Sie hilft den Süchtigen bei der Reintegration in den Alltag, und zwar in genau jenen Alltag, der sie schon zuvor in die Sucht getrieben hat.

Obwohl sie eine Phase der Abstinenz durchlebt hatte, ist die Prognose meiner kaufsüchtigen Patientin äußerst schlecht. Wir wissen aus vielen Erhebungen und Forschungsarbeiten, dass fast jeder Suchtpatient nach einer Behandlung die Gefahr eines Rückfalls unterschätzt. Besondere Sorge bereiten uns sogenannte Suchtverschiebungen. In solchen Fällen hält der Süchtige die Illusion der Heilung aufrecht, indem er in Bezug auf die Ursprungssucht tatsächlich abstinent bleibt. Weil der Alltag aber genauso schwierig ist wie vor dem Ausbruch der Sucht und die Sensibilisierung durch die intensive Therapiephase wegfällt, wird die Suche nach Beziehung auf neues, scheinbar unbedenkliches Terrain verlagert. Selbst wenn meine kaufsüchtige Patientin nach wie vor keinen Cent für nutzlosen Krempel ausgibt, kann es durchaus sein, dass sie trinkt, spielt oder anderen Substituten nachgibt. Deshalb hätte ich sie gerne länger in der Nachbetreuung gehabt, um auch das Thema der Suchtverschiebung zu besprechen. Dafür war sie aber leider nicht mehr motiviert.

WIE DIE GLÜCKSSPIELINDUSTRIE ZUR SUCHT ERZIEHT

Wenn mich ein Glücksspielsüchtiger in der Ambulanz der Landesnervenklinik Wagner-Jauregg besucht, muss ich ihn zunächst von einem weit verbreiteten Missverständnis befreien. Der Glücksspielsüchtige glaubt, dass er spielt, um Geld zu gewinnen oder bereits gemachte Verluste zu kompensieren. Er denkt, dass mit dem Gewinn das Glücksgefühl zurückkehrt. Das ist aber eine Fehleinschätzung. Der Süchtige spielt nicht, um Geld zu gewinnen. Was ihn an das Spiel fesselt, ist seine Suchterkrankung. Er ist also eindeutig krank, darin sind sich Mediziner, Psychologen und Psychotherapeuten einig.

Das zweite Phänomen, über das ich einen Glücksspieler im Rahmen der Psychoedukation sofort informiere, ist, dass ihn das Belohnungszentrum durch gemeine Finten täuscht. Das Gehirn, genauer gesagt der Nucleus accumbens, belohnt den Spieler nicht nur wenn er gewinnt, sondern schon beim Setzen. Dieses Phänomen ist übrigens nachweisbar. Untersuchungen haben ergeben, dass das Dopamin bei einem pathologischen Roulettespieler schon dann einschießt, wenn er seinen Jeton auf eine bestimmte Zahl setzt. Die Glückshormone vernebeln also die Wahrnehmung, noch ehe der Glücksspieler weiß, ob er gewonnen oder verloren hat. Ich war noch nicht oft im Casino, aber bei jedem meiner Besuche gab es zumindest einen offensichtlich Spielsüchtigen, der die Ergebnisse der wissenschaftlichen Untersuchungen vollkommen verkörpert hat. Diese Menschen spielen auf vier Roulettetischen gleichzeitig. Noch ehe der Croupier »Rien ne va plus« und die endgültige Zahl sagen kann, ist der Spieler schon beim nächsten Tisch. Er bekommt nicht einmal mit, welche Zahl und welche Farbe gewonnen haben. In diesem absurden Verhalten zeigt sich ganz klar, dass es nicht um das Ergebnis des Spiels, sondern ums Spielen als Selbstzweck geht. Jedes Mal zu setzen verursacht einen Dopaminausstoß, der nur den Bruchteil einer Sekunde hält. Die Entscheidung über Gewinn oder Verlust lässt den hartgesottenen

Spieler jedoch relativ kalt. Deshalb muss er immer wieder setzen und die Dosis steigern, weil sich sein Belohnungszentrum sofort an den aktuellen Dopamin-Level gewöhnt und nach mehr schreit. Was bei einem Alkoholiker die ständige Erhöhung der Menge ist, ist beim Verhaltenssüchtigen die Steigerung der Ereignisfrequenz. Im Fall des Spielers reicht es eben nicht mehr, wenn er pro Abend sieben Mal setzt. Er muss immer öfter oder immer höher setzen, damit sein Belohnungszentrum nicht mit Entzugserscheinungen rebelliert.

Wenn ein Spieler die Absurdität seines Verhaltens versteht, hat er den Kern jener ominösen Krankheit erfasst, von der Angehörige, Freunde und Ärzte behaupten, sie würde sein Leben zerstören. Meine Erfahrung sagt, dass diese Erkenntnis der erste Schritt ist, um Krankheitseinsicht und Therapiewillen zu stärken. Beides ist bei Spielsüchtigen keine Selbstverständlichkeit. Eben weil Casinobetriebe mit glamourösen Abenden an ihren Spieltischen werben und Wettanbieter aberwitzige Beträge für Sportsponsoring auf höchstem Niveau ausgeben, ist den meisten Spielern die soziale Unverträglichkeit ihres Handelns nicht bewusst. Grob geschätzt sind neun von zehn krankhaften Spielern Männer. Deshalb kommt der erste Anruf meistens von der Ehefrau.

»Herr Doktor, sie müssen mir unbedingt helfen«, höre ich dann, »mein Mann verspielt sein ganzes Einkommen und wenn er nicht spielt, ist er nicht ansprechbar und total desinteressiert an seiner Umgebung. Wir haben sogar schon Schulden, aber mein Mann behauptet noch immer, er würde das alles nur für uns machen.«

In einem ersten Schritt kann mein Team nur der Frau ein Beratungsgespräch anbieten. Schließlich ist es unmöglich, einen erwachsenen Mann zu einer Therapie zu zwingen. Irgendwann kommen die Männer aber trotzdem. Die Auslöser sind fast immer dieselben.

Erstens. Die Frau droht mit Scheidung. Die Aussicht, ohne Frau, ohne Kinder und ohne Dach über dem Kopf dazustehen, scheint viele spielsüchtige Männer zu motivieren, ihr Problem anzuerkennen und zu lösen.

Zweitens. Die Bank sperrt alle Konten und setzt den Schuldner auf eine Blacklist, die allen anderen Instituten zugänglich ist. Der daraus resultierende kalte Entzug verursacht einen so gigantischen Leidensdruck, dass sich die Spielsüchtigen Hilfe holen müssen, weil sie andernfalls das Gefühl haben, elend zugrunde zu gehen.

Drittens. Es gibt Probleme mit dem Arbeitgeber. Eine Entlassung oder die Androhung von Kündigung durch den Vorgesetzten wirken oft Wunder. Beides gefährdet das Spielkapital des Süchtigen und lässt ihn über Auswege nachdenken.

Viertens. Die Suchtberatung ist eine richterliche Anordnung, zum Beispiel in Kombination mit einer Gefängnisstrafe, die unter der Voraussetzung einer Therapie auf Bewährung ist. Bei Spielsüchtigen gibt es eine ähnliche Beschaffungskriminalität wie beim Heroin-Junkie. Während Straftäter aus dem Suchtgiftmilieu vor allem durch Raub, Diebstahl oder Hehlerei auffällig werden, begegnen einem unter Spielsüchtigen vorwiegend Delikte wie Untreue, Betrug oder Amtsmissbrauch. Therapie als gerichtliche Weisung ist übrigens wenig vielversprechend, weil meistens die Krankheitseinsicht fehlt.

Diese vier Szenarien eint, dass Fremdmotivation eine Rolle spielt. Es ist dann Aufgabe von uns Suchttherapeuten, diese Fremdmotivation in Eigenmotivation umzumünzen. Ist der Süchtige so weit, dass er über Krankheitseinsicht und Eigenmotivation verfügt, können wir mit der eigentlichen Arbeit beginnen.

Damit sich meine Leser ein genaues Bild von der Arbeit mit Spielsüchtigen machen können, möchte ich von einem ganz konkreten Fall erzählen. Es handelt sich dabei um die Geschichte eines jungen Mannes, der eigentlich auf dem besten Weg war, Profisportler zu werden. Das Schicksal dieses Talents ist mir insofern in Erinnerung geblieben, weil sein finanzieller Verlust der höchste war, der mir in meiner Karriere als Psychiater und Psychotherapeut je untergekommen ist. Der Sportler, der im Alter von 27 Jahren zu uns kam, hatte bis zu diesem Zeitpunkt 1,4 Millionen Euro verspielt. Bevor ihn die Sucht in eine Krise gestürzt hatte, war er in seiner Sportart einer der besten Nachwuchsathleten gewesen. Am Sprung zum Profitum hatte er ganz knapp eine Olympiateilnahme verpasst und sich danach auch noch so schwer verletzt, dass er seine Karriere nicht fortsetzen konnte. Dieser junge Mann stand vor dem Nichts und hatte auch noch mit einer schweren Disposition zu kämpfen. Profisportler neigen zu Verhaltenssüchten, weil ihr Belohnungssystem durch die vielen Kicks während der Laufbahn verwöhnt ist. Die oft beschriebene Leere, die diese Menschen nach dem Karriereende empfinden, hat genau damit zu tun. Ein Profisportler ist regelmäßig mit Situationen konfrontiert, die im Belohnungssystem überdurchschnittliche Dopamindosen freisetzen. Das betrifft nicht nur Extremsportler wie Felix Baumgartner, die irgendwo runterspringen und im letzten Moment den Fallschirm öffnen, sondern fast alle Athleten. Fußballer kriegen ihren Kick von tausenden Fans, die sie bejubeln oder beschimpfen, Skifahrer holen sich ihre Dosis bei einem Ritt über die schnellsten Pisten der Welt und ein Boxer zehrt vom schmerzhaften Kampf Mann gegen Mann. Das Karriereende hinterlässt ein verwöhntes Belohnungssystem, das im Leben als Privatier vollkommen unterfordert ist. Dies macht Sportler anfällig für neue Kicks und damit auch für Verhaltenssüchte.

Mein 27-jähriger Klient mit dem 1,4-Millionen-Verlust war ein prototypisches Beispiel für einen Ex-Sportler auf Dopaminentzug. In der Psychiater-Sprache nennen wir solche Typen »sensation seeker«, also »Sensationssucher«. Vom Sport war mein Patient viel Anspannung, viel Jubel und viel Risikobereitschaft gewöhnt. Umso schwerer fiel die Entwöhnung nach dem Karriereende. An dieser Stelle kam ein Sponsor ins Spiel, der der Glücksspielbranche zuzurechnen ist. Schon während der aktiven Karriere bekam mein

Patient immer wieder Guthaben geschenkt, das er bei allerlei Glücksspielen seines Sponsors einlösen konnte. Solange er sich seine Kicks beim Sport holte, war das kein Problem, und vielleicht wäre es auch nie zum Problem geworden, wenn mein Patient nicht eine Million im Lotto gewonnen hätte. Von einer Sekunde auf die andere war er wieder da, der exorbitante Dopaminausstoß, und zwar im Glücksspielkontext. Der Sechser im Lotto war der alles entscheidende Auslöser, der so oft am Beginn einer Glücksspielsucht steht. Von nun an mauserte sich der junge Ex-Sportler zu einem der treuesten Kunden seines ehemaligen Sponsors. Zwar gab es keine Gratis-Guthaben mehr, dafür eine Million Euro an Lottogewinn, die er seelenruhig verprassen konnte. Das Spielen erfüllte dabei vor allem eine Funktion: Es lenkte vom Mangel an Glücksgefühlen ab, die die verpatzte Sportlerkarriere hinterlassen hatte. Zudem war mein Patient vom Sport her eine überdurchschnittliche Risikobereitschaft gewohnt. Die legte er nun auf das Glücksspiel um und zockte um gewaltige Summen. Innerhalb kürzester Zeit war die Million weg. Normalerweise setzt an dieser Stelle die Phase der Verschuldung ein. Doch der junge Sportler bekam noch eine Gnadenfrist. Er erbte zwei Häuser, die er sofort verkaufte, um neues Spielkapital zu bekommen. Mit den liquiden Mitteln wollte er seine Verluste neutralisieren und noch in einen Gewinn umwandeln, ein Vorsatz, den übrigens fast alle Spielsüchtigen in irgendeiner Phase ihrer Abhängigkeit formulieren. Kurz darauf waren auch die 400.000 Euro aus den beiden Hausverkäufen auf die Konten seines Lieblingsspielcasinos gewandert. Aufgrund der gigantischen Verlustsumme von 1,4 Millionen schien dem jungen Ex-Sportler zu dämmern, dass er hier ein ernstes Suchtproblem aufgerissen hatte. Mein Patient wird immer süchtig bleiben. Seine schwere Suchterkrankung ist wie Diabetes. Wir können gut behandeln, aber niemals ganz heilen.

So mancher wird jetzt denken, dass es sich beim spielsüchtigen Jungsportler bloß um eine unglückliche Konstellation, um einen Einzelfall handelt. Gescheiterte Karriere plus falschen Sponsor plus Lottogewinn ergeben halt ein Suchtproblem. Doch Suchtkarrieren wie jene des 27-jährigen Patienten aus dem Sportmilieu sind gang und gäbe. Es ist sogar noch schlimmer. Einige findige Manager in den Glücksspielkonzernen haben Sportler als prospektive Zielgruppe mit besonderer Suchtdisposition erkannt und maßgeschneiderte Angebote entwickelt.

Natürlich ist es nicht so, dass Glücksspielkeiler vor den Kabinen stehen, um unschuldige Sportler in den Abgrund zu reißen. Die enge Beziehung zu Athleten beginnt meistens mit einem Engagement als Sponsor eines Sportvereins und ist ein willkommenes Nebenprodukt der allgemeinen Werbewirkung. Wer sich ein bisschen mit den Strukturen des Spitzen- und Breitensports auskennt, weiß, dass sehr viele Vereine am Tropf der Glücksspielkonzerne hängen. Für die einschlägigen Unternehmen ergeben sich daraus drei große Vorteile.

Erstens. Die Marketing- und Kommunikationsmanager können davon ausgehen, dass sportbegeisterte Menschen besonders empfänglich für Wetten sind. Wer bei einem Tor seiner Lieblingsfußballmannschaft einen Dopaminkick erlebt, gerät leicht in Versuchung, diesen Kick durch einen Wetteinsatz zu erhöhen.

Zweitens. Engagement im Sport schmeichelt der »Social Responsibility« eines Unternehmens. Wenn Glücksspielkonzerne wegen mangelndem Spielerschutz in der Kritik stehen, verweisen sie gerne auf Sponsor-Millionen, die in der Förderung des Sports stecken. Außerdem sind Sportvereine und deren VIP-Klubs perfekte Spielwiesen für die Pflege von Seilschaften und Lobbying.

Drittens. Zugänge zu Vereinen bringen auch Zugänge zu Sportlerpersönlichkeiten. Diese Beziehungen bringen eine Vielzahl an Möglichkeiten. Manche Athleten wechseln in das Management der Konzerne, weil sie ganz genau wissen, wie »sensation seeker« ticken, andere fungieren als Testimonials, die ihre sportliche Integrität mit der Integrität des Unternehmens gleichsetzen, und wiederum andere werden zu treuen Kunden. Mitglieder der dritten Gruppe landen immer wieder bei mir in der Suchtambulanz.

Hier ist eine typische Geschichte, wie sie mir im Zusammenhang mit spielsüchtigen Ex-Sportlern immer wieder begegnet. Ein Glücksspielkonzern sponsert einen namhaften Fußballverein und bekommt dafür sogar Trikot-Präsenz und eine Erwähnung im Klubnamen. Als Zeichen der enormen Wertschätzung spendiert der Sponsoring-Beauftragte des Glücksspielkonzerns für jeden erspielten Punkt eine gewisse Anzahl an Gratisjetons. So wie Dietrich Mateschitz seinen Athleten wahrscheinlich regelmäßig drei Paletten Red Bull vor die Tür stellt, kriegen die Partner von manchen Glücksspielkonzernen ein Guthaben. Dabei handelt es sich nicht um Kleinbeträge, sondern um Summen im vierstelligen Bereich. Dieses Spielgeld verbrauchen die Sportler im Vorbeigehen. Sie führen die Freundin ins Casino aus oder spendieren den Eltern ein paar Partien Black Jack. Das meiste verprassen sie aber selbst, ohne den geschenkten und wieder verlorenen Plastik-Tausendern irgendeine tiefere Bedeutung beizumessen. Irgendwann ist dann Schluss mit dem Profifußball, weil das Alter gekommen ist, wo das Knie zwickt und die Ausdauer nachlässt. Nach dem Karriereende hat der Fußballer richtig viel Zeit, deshalb macht er das, was er immer getan hat. Bloß dass das Spielen nicht mehr nur Nebensächlichkeit, sondern zentraler Lebensinhalt ist. Den Kick, den der Fußballer früher am Elfmeterpunkt erlebt hat, empfindet er nun, wenn er beim Black Jack bereits bei 17 angelangt ist und trotzdem noch eine Karte verlangt. Gerne hätte der ehemalige Fußballer die aufmunternden Rufe seines Trainers durch ein paar anerkennende Worte der Ehefrau ersetzt. Doch die spielt nicht mit und schreit nur herum, weil ihr unterbeschäftigter Mann Rücklagen aufbraucht, mit denen sich ein Ex-Profi normalerweise über die ersten zehn Jahre im Ruhestand hinwegrettet. Wegen der Dosiserhöhung, nach der das Belohnungszentrum giert, geht es dann ganz schnell. Die Ersparnisse aus mehreren Profijahren sind dahin und der Fußballer sitzt bei mir im Behandlungszimmer, weil er alles verloren hat. Frau, Familie, sozialen Status, Geld, Haus und Auto. Sein Abstieg ist ein klassisches Beispiel dafür, was passiert, wenn sich ein gewinnorientierter Konzern auf die Schwächen von Menschen eingerichtet hat. Dass meine Behauptung nicht der paranoide Auswuchs meiner tagtäglichen Arbeit auf der Suchtambulanz ist, zeigt ein Zitat des ehemaligen Fußballers Frenkie Schinkels aus einem Interview mit dem Wochenmagazin *NEWS*:

Ich hatte eine Phase, in der ich viel Geld im Casino verzockt habe. Als Fußballer liegt uns das Spielen im Blut. Es ging zum Teil so weit, dass wir im Bus zu einem Spiel gesessen sind und um Geld gewettet haben, welche Farbe das nächste vorbeifahrende Auto hat.

Solche Fallbeispiele aus der Sportwelt zeigen besonders gut, wie geschickt sich die Glücksspielindustrie auf die Schwächen einzelner Berufsgruppen einstellen kann. Mein Buch heißt aber »Junkies wie wir«, und »wir« sind nur zu einem ganz kleinen Prozentsatz Profisportler. Was aber für diese sehr spezielle Berufsgruppe gilt, kann ich auch auf viele andere Professionen umlegen. Meine tägliche Arbeit in der Suchtambulanz gibt mir manchmal das Gefühl, die Glücksspielindustrie hätte für jede Bevölkerungsschicht das passende Verführungskonzept parat. Um die Alltäglichkeit von Spielsucht zu unterstreichen, möchte ich den Absturz eines Vertreters schildern, dessen Aufgabe darin bestand, Designermöbel einer Luxusmarke zu verkaufen. Natürlich war dieser Patient ursprünglich ein hoch zuverlässiger Mensch, sonst hätte er nicht jahrelang das Vertrauen seiner Vorgesetzten genossen. Wer Tag für Tag mit Luxusartikeln umgeht, muss ein seriöses Auftreten und einen tadellosen Leumund haben, andernfalls könnte er in dieser Branche nicht Fuß fassen. Mein Klient war also alles andere als ein unseriöser Gauner, der gerne in irgendwelchen Spelunken zockte. Dennoch rutschte er in die Spielsucht ab, aus klassischen Gründen, wie ich sie bereits geschildert habe. Die Ehe des Vertreters war in der Krise. Die Rituale der Spielsucht waren für ihn Beziehungssubstitut und gaben ihm in der privaten Krise Halt.

Wie bei allen Süchten kann es auch in der Spielsucht zu Beschaffungskriminalität kommen. Was heißt das konkret? Egal ob es sich um eine Runde Roulette oder einen Schuss Heroin handelt, irgendwann kommt automatisch der Zeitpunkt, wo ich Moralvorstellungen über Bord werfen muss, um meine Sucht zu befriedigen. Dieses Verhalten hat übrigens nichts mit krimineller Energie oder Bösartigkeit zu tun, es ist ein gängiges Symptom von Suchterkrankungen. Bei Heroin-Junkies führt der Akt der suchtgetriebenen Beschaffungskriminalität oft zu gewalttätigen Delikten, wie zum Beispiel einem bewaffneten Raubüberfall. Die Beschaffungskriminalität von gut situierten Spielsüchtigen ist wesentlich subtiler. Mein Patient aus der Luxusgüterbranche vertrat etwa den Standpunkt, er würde sich bloß Geld von seinem Arbeitgeber borgen, um neues Spielkapital zu erhalten. Mit dem geborgten Geld wollte der Vertreter fette Gewinne erwirtschaften, die er natürlich sofort in die Tilgung der Schulden investiert hätte. Diese irrationale Selbstbeschwichtigungsstrategie ist typisch für Glücksspieler. Sie nennt sich »Magisches Denken«. Der Spieler denkt, er könne sein Glück tatsächlich willentlich beeinflussen. Dass so eine Fähigkeit schon per se dem Wesen des Glücksspiels, in dem es eben um unkontrollierbares Glück geht, widerspricht, ist den Süchtigen nicht bewusst. Sie legen sich allerhand Erklärungsmodelle zurecht, warum ausgerechnet sie dem Zufall ein Schnippchen schlagen und ihre Gewinnchance beeinflussen können. Es gibt Spieler, die behaupten, sie seien so geschickt, dass sie das Spielsystem durchschaut hätten. Der Gewinn ist demzufolge nur mehr Formsache. In solchen Fällen ist das Magische Denken mit einem gewissen Größenwahn gekoppelt. Der Spieler denkt, er sei intelligenter als ein globaler Glücksspielkonzern, der seit Jahren Millionengewinne einfährt und die Expertise von unzähligen Spezialisten in seine Produkte einfließen lässt. Immer wieder passiert es, dass Spieler mit horrenden Schulden bei mir in der Glücksspielambulanz sitzen und sagen:

»Herr Oberarzt, ich weiß, dass sie viele kaputte Existenzen betreuen. Die sind aber bloß zu dumm, um das System zu durchschauen. Ich habe auch ein bisschen gebraucht, um in dem Zahlenchaos durchzublicken. Da zahlt man natürlich Lehrgeld. Aber jetzt kenne ich mich aus. Sie müssen mit mir nicht ihre Zeit verschwenden.«

In solchen Fällen gehört es zur Patientenaufklärung, dass ich das Prinzip des Magischen Denkens beschreibe.

Andere Spieler verfallen nicht in Größenwahn, sondern zeichnen sich durch einen eingebildeten Sinn für metaphysische Schwingungen aus.

»Heute habe ich ein gutes Gefühl«, lautet das Mantra dieser Menschen. Dann laufen sie zum nächsten Glücksspielautomaten. Dort setzen sie wegen ihres »guten Gefühls« noch mehr als sonst und verlieren ein kleines Vermögen. Wenn sie am nächsten Tag zu mir in die Sprechstunde kommen, sind sie noch immer von der Kraft ihres sechsten Glücksspielsinns überzeugt.

»Herr Doktor, ich habe gestern gespielt weil ich mir sicher war, dass ich gewinnen werde«, erzählen sie zerknirscht.

»Wieso konnten Sie sicher sein, dass sie gewinnen?«, frage ich.

»Das habe ich gespürt. Ich wusste, dass ich gewinnen werde.«

»Und haben Sie tatsächlich gewonnen?«

»Nein, aber normalerweise kann ich mich auf mein Gefühl verlassen.«

Natürlich könnte ich weiter bohren und den Spieler fragen, warum er dann vor den Trümmern seiner Suchtexistenz steht, wenn er sich so gut auf sein »Gefühl« verlassen kann. Solche ironischen Einwürfe haben aber in der Behandlung von Suchtkranken nichts verloren. Deshalb steht auch hier Psychoedukation im Mittelpunkt. Das Magische Denken greift übrigens vollkommen unabhängig von IQ, Bildungsniveau und sozialem Status. Ein Arbeitsloser, der sein mageres Einkommen in einem verrauchten Bahnhofswettcafé verspielt, ist davon genauso betroffen, wie ein gut situierter Manager, der jeden Abend Tausende Euro im Casino verzockt. Das Magische Denken ist Komplize der Selbstlüge und deshalb fixer Bestandteil der Krankheit. Es unterscheidet nicht zwischen arm oder reich, dumm oder intelligent, gebildet oder ungebildet. Es gehört zur Spielsucht wie die Metastasen zum Krebs.

Der spielsüchtige Möbelvertreter leitete dank dem Magischen Denken die Legitimation ab, sich ein wenig Geld zu borgen. Dass es sich bei dem eigenmächtigen »Borgen« um einen astreinen Betrug handelte, war dem Patienten nicht bewusst. Das Magische Denken beeinflusste sein gesamtes Moralempfinden. Da er das Suchtverhalten in eine sichere Gewinnstrategie uminterpretierte, konnte er ohne schlechtes Gewissen Geld abzweigen. Ein beträchtlicher Teil des Vertretergehalts bestand aus Provisionen für vermittelte Geschäfte. Um einen »Vorschuss« herauszuschinden, täuschte er jede Menge Abschlüsse vor, um die dafür fälligen Prämien zu kassieren. Sein Kalkül war für einen klar denkenden Menschen atemberaubend. Er wollte mit den erschwindelten Provisionen Spielgewinne erwirtschaften, dann ein Platzen der diversen Möbeldeals vortäuschen und anschließend die bereits überwiesenen Summen rückerstatten. Die Komplexität des Plans zeigt, dass es sich bei der Vorgehensweise des Vertreters nicht um eine kleine Gaunerei, sondern um ein echtes Wirtschaftsverbrechen handelte. Dennoch steckte keinerlei kriminelle Energie dahinter. Der Vertreter litt an schweren Krankheitssymptomen, die sein Urteilsvermögen massiv beeinträchtigten.

Der Plan des vom Magischen Denken gepeinigten Vertreters ging natürlich nicht auf. Er verlor das gesamte Geld. Sein System, das jenem von dubiosen Pyramidenspielen nicht unähnlich war, brach komplett zusammen. Theoretisch hätte es nun zwei

Optionen gegeben. Option eins wäre gewesen, die vielen Lügen zu beichten und so das Kartenhaus zum Einsturz zu bringen. Option zwei wäre gewesen, das Lügenkonstrukt durch weitere Lügen aufrecht zu erhalten. Praktisch gab es für den Vertreter aber nur eine Option. Er musste weiterlügen, weil sich nur so die Illusion eines Finanzierungssystems für wasserdichte Gewinnspielinvestments aufrecht erhalten ließ. Option eins kam für den Spielsüchtigen deshalb nicht in Frage, weil die Selbstlüge verschleierte, dass es überhaupt irgendetwas zu beichten gab. Die Selbstlüge und das Magische Denken sorgten also dafür, dass mein Patient in einer Kriminalitätsspirale gefangen war, die er gar nicht als solche wahrnahm. Letztlich flog die Sache auf. Nachdem die Firma einige Monate lang beträchtliche Provisionssummen auf das Konto des profilierten Vertreters überwiesen hatte, die dazugehörigen Eingänge aus den Abschlüssen aber ausblieben, begannen die Vorgesetzten nachzuforschen. Der Mann, den sie die letzten Wochen wegen seines Fleißes und seiner Effizienz in den Himmel gelobt hatten, stellte sich nun als Betrüger heraus. Für den spielsüchtigen Vertreter ging es nun steil bergab.

Zunächst ließ sich die Frau scheiden. Ihr Argument war einleuchtend. Sie wollte nicht mit einem kriminellen Menschen verheiratet sein. Da der Vertreter eine Straftat begangen hatte, wurde er gemäß der österreichischen Rechtslage schuldig geschieden. All die Dinge, die er sich gemeinsam mit seiner Frau aufgebaut hatte, gingen an die nunmehrige Ex-Frau. Der ehemals angesehene Luxusartikelvertreter stand ohne Haus, ohne Auto, ohne Ersparnisse dar. Ihm blieben nur die Schulden aus den Malversationen rund um seine Spielsucht.

Das zweite Unglück trat unmittelbar nach Auffliegen der Affäre ein. Natürlich verlor der Vertreter seinen Job. Wer gibt schon einem Mitarbeiter, der einen gigantischen wirtschaftlichen Schaden in einem höchst sensiblen Tätigkeitsfeld verursacht hat, eine zweite Chance? Nach mehreren Jahrzehnten in der Luxusbranche waren alle Kompetenzen des Vertreters auf diese eine Tätigkeit ausgerichtet. Doch seine Qualifikationen waren nun wertlos. Niemand interessierte sich für einen Experten, der seinen vorherigen Arbeitgeber wegen einer ausgeprägten Spielsucht bestohlen hatte.

Vom privaten und beruflichen Absturz gebeutelt, kam nun das dritte Unglück in Form einer strafrechtlichen Verfolgung. Der Vertreter musste vor Gericht. Er war geständig, durfte aber trotz seiner Krankheit nicht auf Milde hoffen. Dies ist insofern bemerkenswert, als dass Richter Beschaffungskriminalität normalerweise weniger hart bestrafen. Wenn ein Heroin-Junkie eine alte Dame überfällt, um ihr Geld für Drogen zu klauen, und ihn die Polizei erwischt, kann er sich vor Gericht auf den sogenannten »Suchtdruck« und die schmerzhaften Entzugserscheinungen berufen. Daraus leiten Richter oft sogenannte »mildernde Umstände« ab. Zusätzlich ist der Grundsatz »Therapie statt Strafe« sogar im österreichischen Suchtmittelgesetz festgeschrieben, das den Umgang mit illegalen Substanzen regelt.

Der Vertreter musste trotz Beschaffungskriminalität voll büßen. Erstens ist die Anerkennung von mildernden Umständen eine Ermessensentscheidung jedes einzelnen Richters. Zweitens ist der Grundsatz »Therapie statt Strafe« für Straftaten im Glücksspielkontext nicht verbindlich. Der Grund dafür ist eine Feststellung der World Health Organisation, kurz WHO, die für die Bewertung von Krankheiten maßgeblich ist. Die WHO liefert mit ihrer »International Statistical Classification of Diseases and Related Health Problems«, abgekürzt ICD, das wichtigste Diagnoseklassifikationssystem der Welt. Auch bei Suchterkrankungen bezieht sie eine ganz klare Stellung. Wer zum Beispiel auf die Homepage der WHO surft, findet Richtwerte, wie viel Alkoholkonsum bei einem Durchschnittsmann oder einer Durchschnittsfrau noch unbedenklich ist. Die WHO sagt, was Sucht ist. Sämtliche Institutionen, angefangen von jenen im Gesundheitssystem, über Versicherungsunternehmen bis hin zum Gesetzgeber, beziehen sich auf die Festlegungen der WHO. Die WHO sagt zum Beispiel, dass die Abhängigkeit von Alkohol oder von Opiaten wie Heroin eine Sucht ist. Sie sagt aber auch, dass exzessives Spielen keine Sucht ist. Sie ordnet ein solches Verhalten dem Kapitel »Impulskontrollstörungen und abnorme Gewohnheiten« zu. Wenn ein Richter also einen Spielsüchtigen wie den Vertreter vor sich hat, vertritt er einen klaren Standpunkt, der von offiziellen Dokumenten der WHO gestützt ist. Er sagt:

Der Begriff der Beschaffungskriminalität ist an eine Straftat im Suchtkontext gekoppelt. Sie sind aber nicht süchtig, auch wenn man sie gemeinhin als Spielsüchtiger bezeichnet. Ihre Disposition ist eine abnorme Gewohnheit. Deshalb können sie keine Milde erwarten.

Der Richter kann sich mit gutem Gewissen auf die Erkenntnisse der WHO stützen. Dass er damit der aktuellen Lehrmeinung innerhalb der Psychiatrie und Psychotherapie widerspricht, ist für seine Bewertung nebensächlich. Wenn ich also von Spielsucht und damit einhergehender Beschaffungskriminalität spreche, ist das innerhalb meiner Wissenschaft »state of the art«. Die WHO und jene Institutionen, die sich auf die Urteile der WHO stützen, würden das aber dementieren.

Der Urteilsspruch im Fall des Möbelvertreters folgte also der Logik einer ganz normalen Wirtschaftscausa. Immerhin war die Haftstrafe wegen bisheriger Unbescholtenheit bedingt. Die Therapie in unserer Glücksspielambulanz war Teil einer richterlichen Weisung. Dass das Gericht so eine Maßnahme in das Urteil aufgenommen hat, zeugt immerhin von einem gewissen Problembewusstsein. An den katastrophalen Konsequenzen, die eine veraltete Bewertung der WHO hat, ändert das natürlich nichts.

Mein Patient stand mit gerade einmal 50 Jahren vor dem Nichts. Job, Frau, Familie und Haus waren weg. Bis aufs Existenzminimum gepfändet fristete der ehemalige Luxusgütervertreter ein armseliges Dasein zwischen Gläubigerforderungen und sozialer Isolation. Ich übertreibe nicht, wenn ich behaupte, ein Heroinsüchtiger wäre rechtlich besser dran gewesen als dieser krankhafte Spieler. Im Gegensatz zum Heroin-Junkie konnte der verhaltenssüchtige Vertreter keine sogenannte Beschaffungskriminalität geltend machen. Die einschlägigen Paragrafen des Österreichischen Strafgesetzbuches trafen ihn mit voller Wucht. In solchen Fällen muss ich natürlich dafür sorgen, dass der rechtskräftig verurteilte Spieler die Fremdmotivation zur Therapie durch einen Richter möglichst rasch in Eigenmotivation umwandelt. Was aber noch viel wichtiger ist: Ich muss dafür sorgen, dass sich ein solcher Mensch nicht das Leben nimmt. Eine derartige existenzielle Aufgabe wäre leichter zu bewältigen, wenn eine renommierte Organisation wie die WHO durch entsprechende Klassifikationen unterstützend einwirkt. Krankheit ist nämlich in gewisser Weise auch Rehabilitation, sie hilft einem Betroffenen dabei, sich mit dem eigenen Schicksal zu versöhnen und nach vorne zu blicken. Krankheit macht auch dem Umfeld, den öffentlichen Institutionen und den medizinischen Einrichtungen klar, dass Therapie vor Strafe geht. Doch die WHO lässt uns in diesem Bereich im Stich. Sie pocht darauf, dass sie nur alle paar Jahre ihr komplettes Klassifikationssystem erneuert und nicht einzelne Krankheitsbilder reformiert. Solange sind Spielsüchtige auf dem Papier eigentlich nur Opfer einer Impulskontrollstörung. Denjenigen, die sich vor der Verantwortung für unsere immer süchtigere Gesellschaft drücken wollen, kommt so eine Verharmlosung gerade recht.

DIE MITSCHULD DER WHO AN DER SUCHTKATASTROPHE

Dass ich die WHO kritisiere, hat nichts damit zu tun, dass ich Verantwortung auf »die da oben« abschieben will. Bei der Trägheit der WHO handelt es sich nicht bloß um eine kleine Verwaltungsperversion, die kaum Auswirkungen auf den realen Umgang mit Patienten hat. Im Gegenteil, was die Entscheidungsträger in der Genfer WHO-Zentrale festlegen, strahlt in jedes noch so kleine Provinzkrankenhaus und in jedes Feldlazarett. Viele Krankenkassen legen ihre föderalen Rechte als regionaler Gesundheitsversorger so aus, dass sie die Behandlung von Spielsüchtigen größtenteils nicht bezahlen, weil es sich dabei ja schließlich nicht um eine echte Sucht handelt. Das führt zur absurden Situation, dass je nach Wohnort der Betroffenen die Kosten für eine Spielsuchtbehandlung übernommen werden oder auch nicht. Ich leite seit Mitte 2010 an der Landesnervenklinik Wagner-Jauregg eine Ambulanz für Spielsucht, die der Krankenhausträger in Kooperation mit dem Verein Pro Mente betreibt. Für die spielsüchtigen Patienten, die wir hier behandeln, bezahlen die Krankenkassen keinen Cent. Nun bin ich als Abteilungsleiter einer öffentlichen Krankenanstalt nicht gewillt, Patienten abzuweisen, wenn ich weiß, dass sie bei mir Hilfe für ihr akutes Problem bekommen könnten. Ich will nicht, und darf auch gar nicht, irgendwelche Ambulanzgebühren von Patienten erheben. Die Konsequenz ist, dass die Ambulanz eine beträchtliche Anzahl an Patienten betreut, für die eigentlich keine Kostendeckung besteht.

Da ich nicht auf einen abrupten Sinneswandel der WHO warten konnte, musste ich reagieren. Wir haben mittlerweile private Geldgeber gefunden, die eine kostenlose Versorgung von spielsüchtigen Patienten weitgehend sicherstellen. Pikanter Weise stammt ein Großteil der Dotierung von den Casinos Austria und der Österreichischen Lotterien AG, die die gesetzliche Auflage haben, einen bestimmten Jahresetat in Spielerschutzmaßnahmen zu investieren. Gemeinsam mit dem ärztlichen Direktor der Landesnervenklinik Wagner-Jauregg ist es mir seinerzeit gelungen, Teile dieses Responsible-Gaming-Budgets für unsere Spielerambulanz zu akquirieren.

Kritiker meinen, in einer solchen Kooperation bestünde ein Interessenskonflikt. Ich meine, dass wir keinen Spielraum für ethisch-philosophische Debatten haben, sondern pragmatische Schadensbegrenzung betreiben müssen. Insofern ist es mir lieber, die Casinos Austria finanzieren die praxisnahe Suchtbehandlung in einer kompetenten Krankenanstalt, als sie stecken das gesamte Budget in Aufklärungskampagnen mit hohem Streuverlust. Zusätzliche Budgetmittel hole ich mir zum Beispiel von wohltätigen Organisationen wie dem Lions Club.

Wem mein Zugang nicht passt, der soll eine Protestnote an die WHO in Genf schicken. Es liegt an dieser Sonderorganisation der Vereinten Nationen, dass sich einzelne Gesundheitssysteme vor ihrer Verantwortung drücken können, indem sie die Behandlung von »Impulskontrollstörungen« und »abnormen Gewohnheiten« verweigern. Bis dahin sind wir und alle anderen Gesundheitseinrichtungen vom guten Willen einzelner Institutionen abhängig. In Oberösterreich sind das zum Beispiel Richter, die den Zusammenhang zwischen exzessivem Spielen und Verhaltenssüchten erkannt haben und ihre Strafen an den Krankheitszustand anpassen, also nur bedingte Haftstrafen in Kombination mit Therapien aussprechen. Auch unsere Zusammenarbeit mit der Linzer Schuldnerhilfe funktioniert ganz ausgezeichnet. Die Einrichtung bekommt Fördermittel, die auch der Betreuung von Spielsüchtigen dienen sollen. Dass diese Subventionen als Feigenblatt für ausbleibende Spielsuchtbehandlung in medizinischen Einrichtungen herhalten müssen, ist nicht die Schuld der engagierten Mitarbeiter der Schuldnerhilfe.

Manche österreichischen Bundesländer gehen in der Betreuung der offiziell nicht anerkannten Spielsucht noch einen Schritt weiter. Hier haben sich Landesregierung, Krankenkassen und Krankenanstalten offenbar darauf verständigt, die aktuellsten Erkenntnisse der Suchtforschung und nicht ein veraltetes Konvolut der WHO als Maßstab heranzuziehen. Aus Insiderkreisen weiß ich, dass vor allem ökonomische Überlegungen für den Sinneswandel ausschlaggebend waren. Wenn Spielsüchtige mit Beschaffungsdelikten Gefängnisressourcen binden, kostet das wesentlich mehr als eine ambulante Therapie, die in den meisten Fällen sogar als Präventivmaßnahme greift und damit die Gerichte entlastet. Auch eine stationäre Behandlung wegen schwerer Depressionen infolge einer massiven Spielsucht ist teurer als das Abfedern des Problems durch ambulante Angebote. Umweg-Rentabilität hat also letztlich dazu geführt, dass sich einige wenige über die Empfehlungen der WHO hinwegsetzen. Meiner Meinung nach darf ein Gesundheitssystem aber nicht von solchen volkswirtschaftlich getriebenen Alleingängen abhängig sein. Auch wenn uns die WHO mit ihrer »International Statistical Classification of Diseases and Related Health Problems«, derzeit in der zehnten Version, anderes weismachen will. Spielsucht ist keine »abnorme Angewohnheit« wie die Trichotillomanie, also das pathologische Ausreißen von Haarbüscheln, oder das zwanghafte Stehlen, auch Kleptomanie genannt. Spielsucht steht in einer Reihe mit der Alkoholsucht oder der Heroinsucht. Während ich aber einen Alkoholsüchtigen oder einen Heroinsüchtigen ohne Diskussionen in der Ambulanz behandeln darf, bewege ich mich mit meinen Spielsüchtigen in einer privat finanzierten Grauzone. Als Übergangslösung sind solche Konstruktionen gerade noch tragbar. Doch bei näherer Betrachtung müssen wir uns eingestehen, dass es eines mitteleuropäischen Gesundheitssystems unwürdig ist, dass die Behandlung eines psychiatrischen Massenproblems vom guten Willen privater Geldgeber abhängt.

»Es gibt halt kein Geld«, argumentieren die Verantwortlichen. Gibt es sehr wohl. Das sehe ich zum Beispiel an EDV-Umstellungen, die zur »Homogenisierung des Gesundheitsbetriebes« beitragen sollen und dabei viele Millionen Euro vom Budget und tausende Arbeitsstunden von verzweifelten Mitarbeitern verschlingen. Weitere Geldfresser sind unnötige Operationen, chaotische Mehrfachuntersuchungen und medizinische Infrastrukturleistungen, die Gesundheitspolitiker nur in Hinblick auf die nächste Wahl aufrechterhalten. Für all das ist Geld da, während sich das System außerstande sieht, die Trägheit der WHO zu kompensieren, indem es die Krankheit Spielsucht durch ein flächendeckendes Therapieangebot eindämmt.

Dieser Status quo ist nicht nur gesundheitspolitischer Wahnsinn, es handelt sich auch um eine massive Abwertung der Spielsucht und ihrer Opfer. Indem das System sagt »Ihr seid nicht krank, sondern leidet nur an einer abnormen Gewohnheit«, verharmlost es das Leid der Spielsüchtigen und vermittelt ihnen ein falsches Selbstbild. Gerade bei einem Krankheitsbild, bei dem Selbstlüge eine so zentrale Rolle spielt, wäre es aber wichtig, das Selbstbild zu korrigieren.

Nun ist es nicht so, dass nur ich das Problem erkannt habe. Immer wieder ist die WHO mit Vorwürfen rund um veraltete Klassifikationen konfrontiert. Ihre Vertreter argumentieren dann, dass der ICD nicht ständig aktualisiert werden könne und dass man ohnehin ständig für die nächste Ausgabe vorarbeiten würde. Dann wolle man auch Erkenntnisse einweben, die vor ein paar Jahren noch nicht »state of the art« waren.

Offen gesagt habe ich für solche Verzögerungsstrategien kein Verständnis. Die WHO weiß Bescheid. Sie weiß, dass exzessives Spielen eine Sucht ist. Es wäre ihre ethische Pflicht zu handeln. Wenn der Veröffentlichungsmodus des ICD keinen Handlungsspielraum zulässt, müssen die Verantwortlichen eben den Erscheinungsmodus überarbeiten. Sobald die Spielsucht auch wirklich im ICD-Kapitel der Süchte erscheint, sind alle öffentlichen Geldgeber – Krankenanstaltenbetreiber, Länder, Bund, Krankenkassen – verpflichtet, die Behandlung zu zahlen.

Akut macht mir noch ein anderer Aspekt der Verzögerungsstrategie Sorgen. Es gibt derzeit massive Bestrebungen, die Anerkennung der Spielsucht als vollwertiges Krankheitsbild doch noch zu verhindern. Als Strippenzieher fungieren hier zwei mächtige Lobbys.

Erstens. Die Glücksspielindustrie. Die Manager der internationalen Glücksspielkonzerne haben großes Interesse daran, dass die WHO Gewohnheiten ihrer Stammkunden nicht als potentielle Krankheit klassifiziert. Krankheit bedeutet nämlich Imageverlust, Regulation, strengere Auflagen und politische Einmischung. Im Kampf gegen das Krankheitsbild Spielsucht werfen Konzerne ihre Steuermacht ins Rennen. Abermals beginnt die Politik abzuwägen. Kommt es einer Volkswirtschaft teurer zu stehen, die Folgen der vernachlässigten Spielsucht zu schlucken, oder zum Beispiel die

Flucht der Online-Glücksspielindustrie in unterregulierte Steueroasen in Kauf zu nehmen?

Zweitens. Die nationalen Gesundheitseinrichtungen. Gerade die Finanzkrise hat offenbart, mit welchen massiven Problemen viele Staatshaushalte zu kämpfen haben. Der Budgetdruck und die zinsenintensive Kapitalisierung auf den Anleihemärkten sorgen dafür, dass die Politik gegen jede Form von zusätzlicher ökonomischer Verantwortung kämpft. Im Kleinen erkennen Patienten diese Kostenvermeidungsstrategie anhand der Kostenübernahme, oder besser gesagt an der Nicht-Kostenübernahme, bestimmter Arzneimittel. Immer öfter wollen Krankenkassen verhindern, dass sie für effizientere, aber auch teurere Arzneimittel finanziell geradestehen müssen. Wenn ein Patient auf Kostenersatz klagt, bauen die Krankenkassen auf die institutionalisierte Verschleppung durch überforderte Gerichte in der Hoffnung, der Patient könnte irgendwann entnervt aufgeben. Hauptsache, es entsteht kein Präzedenzfall. Solche kleinen Schikanen können eins zu eins auf die Ebene des internationalen Lobbyismus übertragen werden. Anstatt objektive Grundsatzentscheidungen von der WHO einzufordern, die moderne Behandlungsrichtlinien in den nationalen Gesundheitssystemen etablieren, konzentrieren sich die Krankenkassen lieber auf eine Kostenverhinderungsstrategie. Dazu gehört, möglichst wenige neue Krankheitsbilder zuzulassen, die einen Ausbau von medizinischen Ressourcen erfordern würden. Die Spielsucht kommt hier voll zum Handkuss. Sie hat als neue Zivilisationskrankheit Hochkonjunktur und könnte Milliardenlöcher in die Gesundheitsbudgets reißen. Das will die Politik kurzfristig verhindern. Dass sie die Milliardenlöcher damit bloß in andere Bereiche und Ressorts verlagert, scheint sie zu verdrängen. Hier gilt etwas, das ich auch immer zu meinen Patienten sage: »Ein Problem zu negieren heißt nicht, es zu lösen.« Immerhin gibt es etwas, das Gesundheitspolitik und Spielsüchtige eint. Beide belügen sich selbst.

Kaufen, Spielen, Internet. Das sind die wichtigsten drei unter den Verhaltenssüchten, wobei die vergleichsweise junge Internetsucht drauf und dran ist, alle anderen Suchtkrankheiten in den Schatten zu stellen. Bei den Patientenzahlen kann sie zwar noch nicht mithalten. Dafür prägt sie eine ganze Generation an der Wurzel ihrer Sozialisation. Bereits jetzt haben wir es mit einer Vielzahl an Verhaltenssüchtigen zu tun, die nicht »erkranken«, sondern bei denen die Krankheit bereits Teil der sozialen DNA ist. Wenn diese Süchtigen in das Alter kommen, in dem sie unsere Gesellschaft als Entscheidungsträger lenken sollten, werden wir das Ausmaß der Katastrophe realisieren. Einen Vorgeschmack hat uns die Wirtschaftskrise der letzten fünf Jahre gegeben, die in der Beziehungslosigkeit der globalen, auf Spekulation ausgerichteten Finanzmärkte ihren Ausgangspunkt hatte.

Die Medizin hat das Problem der Verhaltenssüchte erkannt und entwickelt dementsprechende Angebote, die vielfach an der Finanzierung scheitern. Ohne Akzeptanz der WHO wird das auch so bleiben, denn die Aufnahme in die ICD ist Grundvoraussetzung dafür, dass sich weder Gesetzgeber noch Gesundheitsanbieter vor der Verantwortung drücken können. Bis es so weit ist, heißt es improvisieren. Lange wird diese provisorische Herangehensweise aber nicht mehr aufrechtzuerhalten sein. Im Sog der Online-Süchte entwickeln sich immer neue Suchtphänomene, bei denen das Internet je nach Ausprägung Verstärker, Ausdrucksmittel oder aber die Verhaltenssucht selbst in einem neuen Kleid ist. Wenn ich Verantwortliche aus der Gesundheitspolitik mit dem Problem immer differenzierterer Krankheitsbilder konfrontiere, höre ich stets dasselbe Argument.

»Warum sollen wir uns für Probleme wappnen, die ohnehin nur Randerscheinungen sind?«

Ökonomisch mag dieses Argument greifen. Medizin ist aber in erster Linie ein humanistisches Fach. Ökonomische Überlegungen sind dem Patientenwohl unterzuordnen. Deshalb sind wir gerade in der Medizin mit dem Phänomen konfrontiert, dass wir Minderheitenkrankheiten nicht als ökonomisch unbrauchbare Güter wegrationalisieren, sondern sogar überproportional viel Geld in die Behandlung investieren, weil Heilung gleichzeitig Erforschung und damit Erkenntnisgewinn im Sinne der Gesellschaft bedeutet. Deshalb pumpen wir hunderttausende Euro in lebenserhaltende Intensivmaßnahmen, obwohl vielleicht nur eine einprozentige Überlebenschance besteht. Es ist unsere humanistische, keinesfalls aber unsere ökonomische Pflicht, das zu tun.

Übertragen auf Suchterkrankungen würde das bedeuten, dass wir den speziellen Fällen besonders viel Aufmerksamkeit schenken, weil sie uns Einblick in extreme Erscheinungsformen, potentielle Krankheitsverläufe und neue Gefahrenquellen geben. Stattdessen reichen unsere Kapazitäten nicht einmal für den Sucht-Mainstream, weil wir noch immer die längst hinfällige Frage diskutieren, ob es sich bei Verhaltenssüchten um Krankheiten handelt oder nicht.

Doch was wäre solch eine ausgefallene Verhaltenssucht, die bei bekannten Suchtphänomenen andockt, aber dennoch eine individuelle Form von Abhängigkeit darstellt? Ich nenne ein Beispiel. Es gibt eine verschwindend kleine Minderheit an Verhaltenssüchtigen, deren Zwänge sich auf extremes Risikoverhalten beziehen. Ich hatte einmal einen Patienten, der mehrmals pro Tag auf dem Motorrad mit stark überhöhter Geschwindigkeit durch die Stadt fuhr, weil ihn das Moment der Lebensgefahr in einen Glücksrausch versetzte. Unterdrückte er dieses extreme Risikoverhalten, fühlte er sich wertlos und leer. Der Motorradfahrer lag damit auf einer Linie mit Spitzen- und Extremsportlern, die sich den Dopaminkick im Belohnungszentrum ebenfalls über substanzunabhängige Grenzerfahrungen holen.

Obwohl das Problem des rasenden Harakiri-Bikers eine absolute Ausnahme darstellt, liefert sein Fall viele spannende Erkenntnisse für das gesamte Spektrum der Verhaltenssüchte. Wenn

Sucht die Suche nach Beziehung ist, stellt sich unweigerlich die Frage, inwiefern die lebensgefährliche Raserei auf einem Motorrad als Substitut für Beziehungen funktionieren kann. Mein diesbezügliches Nachfragen brachte etwas Interessantes ans Tageslicht. Mein Patient filmte sich bei seinen Aktionen mit einer Helmkamera und stellte die Clips auf *YouTube*. Dort fand eine regelrechte Heroisierung stand. Über Kommentare, Bewertungen und Verlinkungen zollten ihm die User Respekt. Innerhalb kürzester Zeit war der Motorradfahrer geschätztes Mitglied einer Community, an deren Spitze der legendäre »Ghost Rider« steht.

Beim »Ghost Rider« handelt es sich um einen schwedischen Motorradfahrer, der mit Spitzengeschwindigkeiten von bis zu 300 Stundenkilometern durch urbanes Gebiet rast und dabei regelmäßig die Polizei narrt. Aufgrund einer Lücke im schwedischen Gesetz bewegt sich der Verkehrsrowdy auf relativ sicherem Terrain. Er müsste auf frischer Tat ertappt werden, damit eine Anklage möglich ist. Bei kolportierten Durchschnittsgeschwindigkeiten von 250 Stundenkilometern ist seine Festsetzung durch die Polizei aber relativ unrealistisch. Der »Ghost Rider« ist zwar nach wie vor anonym, aufgrund der speziellen Gesetzeslage verhält er sich aber nicht sehr dezent. Er betreibt eine Internetpräsenz, spricht immer wieder mit Medienvertretern und vermarktet Filme, in denen er zum Beispiel die 68 Kilometer zwischen Stockholm und Uppsala in knapp fünfzehn Minuten bewältigt. Das entspricht einer Durchschnittsgeschwindigkeit von zirka 273 Stundenkilometern. YouTube-Filmchen, die solche irrsinnigen Manöver dokumentieren, erreichen mehrere tausend Aufrufe. Mein Patient eiferte dem »Ghost Rider« nach und hatte in seiner Fangemeinde ein virtuelles Rudel gefunden, das ihm Aufmerksamkeit und Wertschätzung schenkte. Im Risikoverhalten meines Einbahnfahrers spiegelten sich mehrere Suchtphänomene wieder.

Erstens. Das Modelllernen meines Patienten fokussierte auf eine Sozialisationsinstanz namens »Ghost Rider« mit kranken Verhaltensmustern. Dadurch schlich sich ebendieses Verhaltensmuster in das eigene Leben ein. Die Sucht war also »erlernt«.

Zweitens. Mit dem zwanghaften Rasen gegen Einbahnen stimulierte der Motorradfahrer sein Belohnungszentrum und verschaffte sich dadurch einen Dopaminkick. Damit waren alle biochemischen Voraussetzungen gegeben, die für eine Sucht notwendig sind.

Drittens. Durch typische Mechanismen der Internetsucht holte sich der Risiko-Junkie einen »Suchtmehrwert«. Die euphorische Rezeption durch die Community gab ihm einen Extra-Kick und stillte gleichzeitig die Sehnsucht nach Beziehungen.

So marginal ein derartiges Suchtphänomen ist, so wichtig sind die Lehren, die ein Suchtexperte daraus ziehen kann. Der Fall des Motorradfahrers zeigt nämlich, dass Verhaltenssüchte unselige Allianzen eingehen, die nur ein Ziel haben, nämlich das Suchtverhalten, das vermeintlich Halt gibt, auf mehreren Ebenen abzusichern.

NICHT NUR HOLLYWOOD-STARS LEIDEN AN SEXSUCHT

Einem ähnlichen Prinzip, aber einer ganz anderen Symptomatik, folgte die Verhaltenssucht einer etwa 35-jährigen Patientin, die mich in der Ambulanz aufsuchte. Sie litt an einer speziellen Form von Sexsucht, die sich in dem Zwang äußerte, sich nackt vor fremden Männern zu zeigen. Der Tabubruch gab ihr den Kick, den sie für einen ordentlichen Dopaminausstoß benötigte. Die anerkennenden Worte der Männer interpretierte sie als Beziehungsangebote, mit denen sie ihren Wunsch nach sozialer Geborgenheit stillen wollte. Dass es das Internet gibt, erwies sich für die Sexsüchtige als folgenschwerer Glücksfall. Früher lebten Sexsüchtige solche Fetische über Kontaktanzeigen und spezielle Treffs aus. Das war äußerst kompliziert und zeitintensiv. Die organisatorischen Hindernisse stellten ein gewisses Regulativ dar. Dank dem Internet konnte die Patientin ihre Sucht aber hocheffizient und ohne peinliche Begegnungen in der realen Welt ausleben. Somit war ihre Sexsucht an exzessiven Internetkonsum gekoppelt.

Das Schicksal der Frau entsprach einer typischen Suchtlaufbahn. Am Anfang war das Verhalten noch genussvoll. Die Komplimente der Männer stärkten ihren Selbstwert und weil sich viele der Verehrer auch mit ihr treffen wollten, hatte sie das Gefühl, ihr virtuelles Leben könnte auch ein Mehrwert für das reale Leben sein. Bereits nach kurzer Zeit stellte sich aber der suchttypische Gewöhnungseffekt ein, bei dem es nicht mehr um positive Ausschläge, sondern nur um die Vermeidung von Entzugserscheinungen geht. Zusätzlich plagte sie ein quälendes Schamgefühl. Mit der Scham kam auch die Angst, entdeckt zu werden. Vom Chef, von Nachbarn oder von der eigenen Tochter, die mitten in der Pubertät steckte. Ihr gegenüber empfand die Patientin die meisten Schuldgefühle. Obwohl sie den Zwang in ihrem Verhaltensmuster erkannte, konnte die Sexsüchtige nicht aufhören. Im Gegenteil, die Verhaltenssucht nahm einen immer wichtigeren Stellenwert im Alltag ein. Weil ihr die Bewunderung auf den diversen Privat-Pornoseiten nicht mehr reichte, gab die Patientin immer öfter dem Drängen der Internetverehrer nach und traf sich für kurze Sexabenteuer. Die virtuelle Sexsucht hatte sich also in eine höchst reale Sexsucht mit zahlreichen Intimkontakten im Hardcore-Porno-Milieu gewandelt. Sie okkupierte große Teile des Alltags, weil jede »normale« Aktivität vom Wunsch nach Suchtbefriedigung überlagert war. Als die Sexsüchtige begann, auch mit Männern ins Bett zu gehen, für die sie eigentlich nur Ekel empfand, gestand sie sich den Kontrollverlust ein und suchte sich Hilfe in der Suchtambulanz. Dass wir Sexsüchtige behandeln, kommt äußerst selten vor. Die Verbreitung dieser Krankheit ist diametral zur medialen Aufmerksamkeit, die sie wegen ihres Sensationsgehalts bekommt. Wenn wir also mit Sexsüchtigen zu tun haben, gehen wir äußerst differenziert vor, weil sich die Muster sehr stark unterscheiden.

Vor allem bei Frauen ist ein sehr gewissenhafter Umgang mit der Anamnese angesagt. Ein ausschweifendes Sexualleben ist nämlich auch häufig bei Patientinnen mit Persönlichkeitsstörung zu beobachten. In diesen Fällen geht es nicht um Sucht, sondern um die Unfähigkeit, »Nein« zu sagen. Die meisten dieser Menschen haben eine sexuelle Traumatisierung hinter sich. Die Verursacher dieser Traumatisierung sind überwiegend Männer aus dem unmittelbaren Umfeld, am allerhäufigsten die eigenen Väter. Der Missbrauch durch eine Vertrauensperson verursacht Abgrenzungsprobleme, die zu vielen verschiedenen Sexualkontakten führen können. Bei Fällen wie dem der Sexsüchtigen bewegen wir uns also auf einem psychiatrischen Minenfeld. Haben wir es mit einer Verhaltenssucht zu tun oder mit einer Persönlichkeitsstörung? Medikation, Psychotherapie und Behandlungsmuster sind bei diesen Krankheitsmustern vollkommen unterschiedlich.

Im Fall der sexsüchtigen Patientin ließ sich eine Persönlichkeitsstörung sehr schnell ausschließen. Ihre Geschichte zeigt aber, dass ein differenzierter Umgang mit Verhaltenssüchten auch eine Frage der ärztlichen Sorgfaltspflicht ist. Gerade ein Psychiater muss Krankheiten richtig einordnen können, um einen fatalen Kunstfehler zu vermeiden. Die Klassifizierung erfolgt zumeist über die Kriterien des ICD. Dort sind die meisten Verhaltenssüchte aber nicht als Krankheiten vertreten. Wenn es also im medizinischen Alltag zu Verwechslungen kommt, ist das auch die Schuld der WHO, die einerseits maßgeblich sein will, andererseits aber bei ihrem zentralen Klassifikationsinstrument keinen Anspruch auf Vollständigkeit erheben kann. Diese Ignoranz ist ein Problem. Wo keine Krankheit, da auch keine Kranken. Wo keine Kranken, da auch keine gesamtgesellschaftlichen Lösungen. Dabei bräuchten Suchtkranke dringend eine Lobby. Sie sind Freiwild in einer Gesellschaft, deren ökonomischer Kreislauf mittlerweile vollkommen auf das Bedienen von Süchten abgestimmt ist.

DIE VERFÜGBARKEIT DER DROGE

Ich habe nun versucht, die Relevanz der Suchtthematik in unser aller Leben zu verdeutlichen. Dabei habe ich auch über die Selbstlüge als tragende Säule des Suchtverhaltens gesprochen. Wer vor der Konfrontation mit den eigenen Abgründen noch zurückschreckt, dem empfehle ich einen Stadtspaziergang. Ich selbst fahre gerne mit dem Fahrrad in Linz von der Landesnervenklinik Wagner-Jauregg, wo ich das Zentrum für Suchtmedizin leite, zum Bahnhof, weil dort ein Freund von mir ein Lokal mit hervorragender Fusionsküche eröffnet hat. Bevor ich mir den Bauch vollschlage, mache ich einen Umweg über das Franckviertel, wo sich die Zentrale des Vereins Pro Mente befindet. Im Franckviertel leben viele Menschen mit eher niedrigem sozialen Status. Hier sehe ich in erster Linie Wettbüros. Menschen in Handwerkerkleidung setzen auf Hunderennen, Fußballspiele, Tennismatches und diverse andere Sportarten. Zwischen zwei Tipps nehmen sie einen Schluck Bier oder ziehen an einer Zigarette. Ab und an quatschen sie die junge Servicekraft mit einem zweideutigen Spruch an, aber ansonsten bleiben sie für sich. Wer es nicht so mit Sport hat, zieht sich in eine der abgedunkelten Spielhöllen zurück, die eigentlich keine Kasinos im klassischen Sinn, sondern »Cafés« mit zerschlissenen Stoffteppichen und übervollen Aschenbechern sind. Hier stehen illegale einarmige Banditen und andere Glücksspielautomaten. Abgesehen davon können sich die Spieler auch einen Automatenkaffee um einen Euro kaufen, damit ihnen beim Dauerspielen nicht die Lider zufallen. Die leeren Augenpaare hängen nicht an Fernsehschirmen, die via Satellit Sportereignisse aus der ganzen Welt übertragen, sondern an blinkenden Computerbildschirmen, auf denen Räder mit Kirschen, Schatztruhen und anderen Glückssymbolen rotieren. Die Hoffnung ist dieselbe. Der kleine Einsatz soll sich in einen Riesengewinn verwandeln. Das Antlitz der Spieler verrät aber, dass der Riesengewinn eher ein Gerücht als eine realistische Perspektive ist. Ungeachtet dessen tippen die Spieler hochkonzentriert auf die modernen Touchscreens der Spielautomaten und versuchen, ihre

Verzweiflung durch ein wissendes Lächeln zu kaschieren. Manche spielen sogar auf zwei oder drei Automaten gleichzeitig, um keine Sekunde im Kampf um den Jackpot zu verschenken.

Vom Franckviertel radle ich oft weiter zur Landstraße. Hier preisen Schaufenster, Werbetafeln und Flyerverteiler tausende Konsumgüter an, die Glück, Schönheit und Erfolg mit nur einem Kaufakt in Aussicht stellen. Die großen Versprechen der Handelsketten scheinen zu wirken, denn tausende Menschen drängen sich Schulter an Schulter in den Geschäftslokalen. Die Präsentationstische und Wühltruhen in den Modeläden erinnern eher an ein Schlachtfeld als an Einkaufswelt. Überall liegen zusammengeknüllte T-Shirts und Hosen herum, die Konsumenten nach einem kurzen Blick auf das Preisschild achtlos zurückgeworfen haben. Trotzdem findet sich immer jemand, der die bis zur Unkenntlichkeit zerknüllten Teile kauft. Bei besonders beliebten Größen liefern sich Interessenten aggressive Wortgefechte um das letzte Stück. Die Verkäuferinnen müssen deeskalierend eingreifen, damit der Kampf um Kleidungsstücke, der sich durch alle sozialen Schichten zieht, nicht in einen Kampf mit Fäusten ausartet. Zwischen den Filialen der Textilketten locken überall kalorienreiche Köstlichkeiten, die Fastfood-Restaurants, Würstelstände und Konditoreien feilbieten. Um das angebliche Genusserlebnis möglichst ökonomisch zu halten, rennen die Menschen essend von einer Station zur nächsten. Soßen tropfen auf Kleidung und Gehsteig, Verpackungsreste landen in den Mülleimern am Gehsteigrand oder gleich zwischen zwei parkenden Autos. Der unendliche Strom an schlingenden Gestalten ist gleichzeitig eine Erkundungsreise durch die aktuellen Trends im Junkfood-Segment. Bunte Tees mit sogenannten »Bubbles« gehören ebenso dazu wie gefrorene Joghurts, die mit drei verschiedenen süßen »Toppings« überfrachtet sind. Die ältere Generation nascht Konfekt von der Konfiserie, während die Kids eher farbenfrohe Süßigkeiten mit Gummikonsistenz bevorzugen. Über allem prangt eine Kaloriendosis, die jedes Wiener Schnitzel locker in den Schatten stellt.

Fällt der Spaziergang in die Abendstunden, haben auch schon die zahlreichen Gasthäuser und Bars in der Linzer Innenstadt geöffnet. Hier gibt es natürlich Alkohol. Bier und Wein, aber auch geschmacklich verfälschte Mixgetränke, die den Grad zwischen Hochprozentigem und Limonade verschwimmen lassen. »Alkopops« nennen das die Getränkehersteller, und beschreiben damit eine alkoholgetränkte Limonade, die Jugendlichen helfen soll, sich an den ungewohnten Geschmack von Alkohol zu gewöhnen. Trendgetränke wie Flying Hirsch verbinden die aufputschende Wirkung von Red Bull mit der Illumination von Jägermeister, und weil das alles ein Riesenspaß ist, stecken sich die Flying-Hirsch-Fans den Verschluss des Jägermeister-Fläschchens auf die Nasenspitze und übergeben sich ein paar Stunden später direkt auf den Gehsteig, weil sie den Weg zum Klo nicht mehr gefunden haben. Wem das noch nicht reicht, der kann unter der Hand, aber dennoch für wache Beobachter sichtbar, Drogen wie Cannabis und Kokain kaufen.

Wenn ich im Laufe meiner Tour am Linzer Hauptplatz ankomme, hat sich mein Appetit meistens schon in einen quälenden Hunger verwandelt. In der Regel breche ich nun endgültig Richtung Bahnhof auf. Bevor ich mir aber ein leckeres Menü gönne, gehe ich noch in die Bahnhofstrafik, weil es dort die neuesten Ausgaben von *Nature* gibt. Auf dem Weg durch das frisch renovierte Bahnhofsgebäude treffe ich auf allerlei Polytoxikomanen, die Heroin, Alkohol, Beruhigungsmittel und andere Substanzen wild durcheinander konsumieren. Die Junkies am Bahnhof – ihre Verhaltensauffälligkeit, ihr physischer Verfall, ihre Obdachlosigkeit – sind die sichtbare Spitze des Eisbergs im Gegensatz zu der Heerschar an Jugendlichen, die in diesem Moment gerade im Zwölf-Euro-Flatrate-Internet oder am Smartphone hängt und auf *facebook* Belanglosigkeiten teilt, vor einem Sexfilmchen auf *YouPorn* masturbiert oder in irgendeinem Ego-Shooter-Spiel Mutanten mit futuristischen Raketenwerfern umlegt.

Mit der neuesten Ausgabe von *Nature* kehre ich in mein Lieblingslokal ein, esse ein dreigängiges Menü, obwohl es eine Hauptspeise auch tun würde, trinke meinen vierten Kaffee am heutigen Tag und lass mich auch noch zu einem Extra-Soufflé hinreißen, weil die Tafel Schokolade am Nachmittag anscheinend noch nicht genug war.

Wer denkt, dass ich mit der ausführlichen Darstellung meiner Linz-Tour eine großangelegte Konsumkritik formuliert habe, hat natürlich recht. Der eine oder andere wird sich ertappt fühlen und ehrlicherweise sagen: »Irgendeine dieser Verhaltensweisen ist auch ein Teil meines Lebens.«

KONSUM SCHAFFT SUCHT

Konsum in all seinen Ausformungen ist in manchen Fällen nur ein Synonym für Suchtverhalten. Wir leben in einer Gesellschaft, die uns ständig etwas anbietet, und zwar Dinge, die wir ohnehin schon im Übermaß haben. Der Durchschnittsbürger hat ein Einkommen oder eine sozialstaatliche Grundversorgung, die sein ökonomisches Überleben sichert. Er könnte sich mit ein paar gut ausgewählten Kleidungsstücken eine Garderobe zusammenstellen, mit der er über das ganze Jahr hinweg sein Auskommen findet. Für seine Konzentrationsfähigkeit bräuchte er in erster Linie Schlaf und nicht fünf Tassen Kaffee oder drei Energy Drinks. Das Hungergefühl würde er am besten mit ausgewogener Ernährung und nicht mit punktuellen Riesenportionen bekämpfen. Das Bedürfnis nach Zerstreuung ließe sich vollkommen unkompliziert mit Freunden stillen und bräuchte keine Spaßmedien wie Online-Multiplayer-Games und Spielkonsolen.

Unsere Wohlstandsgesellschaft hat aber das Prinzip des »Mehr von Allem«, das Prinzip Konsum, entdeckt, um an Wohlstand, Beliebtheit, Glückseligkeit, Erfolg und viele andere begehrte Zustände zu gelangen. Ökonomisch macht dieses Prinzip absolut Sinn. Es spielt dem viel beschworenen Streben nach »Wachstum« in die Karten. Konsum lebt nicht davon, dass Menschen etwas kaufen, das sie unbedingt benötigen. Konsum lebt davon, dass Menschen

Dinge kaufen, die sie eben nicht unbedingt benötigen, weil sie ohnehin schon viel zu viel davon haben.

Konsum heißt, dass ein Fettleibiger bei McDonald's isst, obwohl er schon zum Frühstück Kalorien für drei Mahlzeiten zu sich genommen hat. Konsum heißt, dass ein schwerer Raucher Zigaretten kauft, obwohl ihn bereits eine pathologische Raucherlunge quält. Konsum heißt, dass ein Mensch drei volle Kleiderschränke hat und trotzdem einkaufen geht, dass er eigentlich nur E-Mails checken müsste, und dann 24 Stunden nonstop ohne Mahlzeit und ohne Flüssigkeitszufuhr im Internet hängt, dass er ein gutes Fußballmatch sehen will und am Ende tausend Euro Wettschulden hat.

Konsum ist irrational. Konsum spricht aber unser Belohnungszentrum an. Aus wissenschaftlichen Studien über das Belohnungszentrum wissen wir, dass der Klick, der einen Einkauf im Online-Markenstore besiegelt, genauso für einen Dopaminausstoß sorgt wie die erfolgreich absolvierte Mission, die einen Spieler auf den nächsten Level von World of Warcraft katapultiert. Konsum hat deshalb eine tief verwurzelte Verwandtschaft zur Sucht.

Diejenigen, die von diesem Dopaminausstoß profitieren, haben das Prinzip des Konsums längst durchschaut. Ein Spaziergang durch eine Stadt wie Linz, die exemplarisch für jede andere Stadt der »Ersten Welt« steht, offenbart, dass unsere Zivilisation, unsere Privat- und Volkswirtschaft, unser gesamtes soziales System eigentlich auf dem Bedienen von Süchten beziehungsweise Sehnsüchten aufgebaut ist. Denn Sucht forciert Konsum und schafft damit immer mehr Abnehmer und sogenannte »Wachstumsmärkte« für ein omnipräsentes Überangebot.

Das Zauberwort heißt »Verfügbarkeit«. Dank der Verfügbarkeit von praktisch allem lässt sich jedes noch so kleine Bedürfnis sofort und immer befriedigen. Belohnung ist dadurch keine Leistung, sondern ein alltägliches Prinzip, das zu Gewöhnung und damit zu Sucht führt. Verfügbarkeit ist aber auch das Geheimrezept der kapitalistischen Leistungsgesellschaft, um Wachstumsmärkte zu schaffen, wo eigentlich kein Spielraum für Wachstum ist.

Der Streifzug durch die städtische Konsumlandschaft, oder besser gesagt Suchtlandschaft, deckt einige traurige Fakten auf.

Erstens. Plakative Substanzsüchte wie die Heroinabhängigkeit sind zwar nach wie vor existent, sie sind aber bloß die extreme Spitze einer durchmischten Suchtgesellschaft. Dennoch macht die Politik ihren Umgang mit Sucht an solchen Randphänomenen fest, weil sie hier populistische Erfolge feiern kann. Wenn sich also die Debatte um Fixerstuben und Substitutionsprogramme dreht, ist das nur ein kleiner Teil der Realität, denn diese Probleme sind durch Prohibition im Großen und Ganzen unter Kontrolle.

Zweitens. Sozial akzeptierte Substanzsüchte wie Alkoholismus oder Tabaksucht bleiben Bestandteil unserer Gesellschaft. Jahrzehntelange Aufklärungsarbeit, in der Ministerien, Vereine und Bildungsanstalten die gesundheitlichen Folgen der legalen Suchtsubstanzen mal drastisch, mal einfühlsam dargelegt haben, kann getrost als gescheitert bezeichnet werden. Die permanente Verfügbarkeit ist stärker als das gute Zureden. Steuererhöhungen und Rauchverbote sind immerhin ein Zwischenschritt, weil sie die Verfügbarkeit durch eine ökonomische Hemmschwelle einschränken.

Drittens. Die großen Gewinner des Verfügbarkeitsprinzips sind Verhaltenssüchte, die auf den Prinzipien des Konsums aufbauen. Ihre Wirkung basiert auf dem Umstand, dass sich keiner an ihnen stößt. Während ein Alkoholiker alles dafür tut, seine Sucht zu verbergen, ein Raucher seine Sucht permanent relativiert, und der von illegalen Substanzen Abhängige überhaupt jede Sekunde seines Lebens mit sozialer Ächtung konfrontiert ist, können Verhaltenssüchtige ihr Verhalten sogar als trendiges Lifestyle-Konzept verkaufen. Die dazugehörigen Industrien kokettieren sogar mit dem Suchtfaktor. Videospiele-Hersteller prahlen damit, dass ihre jugendlichen Kunden in ein »Second Life«

eintreten, Wettanbieter lassen die größten Sportikonen aufmarschieren, um den Tipp als eigentlichen Kick zu verkaufen, und die Handelsketten verkaufen längst keine Waren mehr, sondern Glück, Liebe und Zufriedenheit. In der US-amerikanischen Fernsehserie »Mad Men«, die in der New Yorker Werbebranche der 1960er-Jahre spielt, sagt Don Draper, Creative Director der fiktiven Werbeagentur Sterling Cooper: »Was Sie Liebe nennen, ist von Leuten wie mir erfunden worden, um Strümpfe zu verkaufen.« Das Zitat zeigt, dass TV-Serien unsere Gesellschaft oft besser analysieren, als es jeder wissenschaftliche Text tun könnte.

Das führt zu einer traurigen Conclusio. Den Verhaltenssüchten gehört die Zukunft. Ihre Verfügbarkeit und ihr sozialer Status katapultieren die zerstörerische Kraft, die Süchten immer innewohnt, auf eine neue gesellschaftliche Ebene, indem Süchte zu einem Massenphänomen werden. Verhaltenssüchte pervertieren dabei uralte Instinkte. Der Mensch und seine Verhaltensstrukturen sind ursprünglich an eine Umwelt angepasst, in der derjenige am erfolgreichsten war, der am meisten Nahrung auftreiben konnte. Mit der totalen Verfügbarkeit von ehemals knappen Gütern hat sich dieses Prinzip umgekehrt. Heute ist derjenige erfolgreich, der es schafft, seinen Drang nach immer mehr, nach dem, was wir gemeinhin als »Konsumverhalten« bezeichnen, zu zügeln. Es geht also darum, den Verlockungen der Zivilisation zu widerstehen. Aber erzählen Sie das einmal unserem sehr ursprünglich funktionierenden Belohnungssystem, das nach wie vor nach Dopaminausschüttung lechzt.

KONTROLLVERLUST DURCH VERFÜGBARKEIT

Ich habe schon auf den vorigen Seiten festgestellt, dass süchtig zu sein bedeutet, die Kontrolle zu verlieren. Umgekehrt ist ein Mensch gesund, wenn er Kontrolle über sich und sein Verhalten hat. Doch was hat Kontrolle mit Verfügbarkeit zu tun?

Erstens. Wo die Wirtschaft ständig Möglichkeiten präsentiert, die Kontrolle zu verlieren, ist der Kontrollverlust stets in Reichweite. Verfügbarkeit ist also ein Türöffner für Suchtverhalten aller Art.

Zweitens. Wenn ich die Kontrolle vielleicht schon einmal verloren habe und es mir dank viel Disziplin und professioneller Unterstützung gelungen ist, die Kontrolle wiederzuerlangen, ist Verfügbarkeit natürlich der schlimmste Feind. Sie führt mir ständig vor Augen, wie leicht es wäre, wieder in die alten Muster zu verfallen. Nicht umsonst versuchen Suchttherapeuten, Heroinabhängige von ihrem alten Umfeld loszueisen. Sie wissen, dass dort die größte Gefahr lauert. Da sich Heroin-Junkies meist in einschlägig bekannten Milieus tummeln, lässt sich eine Isolation gerade noch bewerkstelligen. Doch was machen wir mit den Online-, Shopping- und Spielsüchtigen? Die Verfügbarkeit treibt sie in einen permanenten Kampf um Kontrolle, der einerseits an der Substanz zehrt und andererseits in eine Suchtspirale führen kann.

Gerade bei Verhaltenssüchten fehlen unserer Gesellschaft die Kontrollinstanzen, die auf Bedenklichkeit und potentielle Exit-Strategien verweisen. Im Gegenteil, wir sollen für unsere Glückseligkeit immer mehr und immer günstiger kaufen, surfen und spielen und bekommen dank der totalen Verfügbarkeit auch gleich die passenden Handlungsanweisungen mitgeliefert. Wer sich im Netz in Konsummöglichkeiten verheddert, muss auf soziale Beziehungen, also auf Mitmenschen, hoffen, die eine gesunde Außensicht einbringen. Menschliche Warnhinweise können von Angehörigen und Freunden, aber auch von einem Arzt kommen. An dieser Stelle möchte ich noch mit einem Missverständnis aufräumen. Viele Süchtige entziehen sich der Bewertung des Arztes, weil dieser vielleicht selbst ein paar Laster hat.

»Der will mir etwas übers Abnehmen erzählen? Der ist doch selbst total fett!«, heißt es manchmal. Oder: »Wegen dem höre ich sicher nicht mit dem Rauchen auf. Der hat so gelbe Fingerkuppen, der raucht sicher drei Schachteln am Tag.«

Liebe Süchtige, einen Experten macht nicht aus, dass er ein Engel ist. Einen Experten macht aus, dass er vor dem Hintergrund seines Fachwissens eine kompetente Außensicht hat. Trotzdem kann er selbst an einer Sucht leiden, weil Süchte eben alle Menschen treffen können. Angestellte, Arbeitslose, Banker und Ärzte. Ober-, Unter- und Mittelschicht. Jugendliche, Alte, Frauen und Männer. Das heilsame Prinzip beim Arzt heißt also nicht «Do as I do«, sondern »Do as I say«. Alles andere wäre eine kindliche Verwechslung, die den Arzt als makellose Vaterfigur hochstilisiert, nur um Selbstlügen aufrecht zu erhalten.

DAS PROBLEM DES NEINSAGENS

Freiheit ist eine große Errungenschaft unserer modernen Gesellschaft. Freiheit hat sich auch in vielen Bereichen bewährt, man denke nur an die freie Meinungsäußerung, freie Urnengänge oder an die freie Wahl des Lebenspartners unabhängig von Geschlecht und sexueller Orientierung. Wir müssen uns aber auch ehrlich eingestehen, dass die Freiheit in gewissen Bereichen versagt. Wir können noch so oft über die persönliche Entscheidungsfreiheit des Einzelnen diskutieren und darauf beharren, dass Menschen mit stabiler Selbstkontrolle theoretisch nicht dieselben Rahmenbedingungen benötigen wie Menschen mit einem Hang zum Kontrollverlust. Als Arzt habe ich andere Prioritäten. Ich suche nach Hypothesen, die übergeordnete gesellschaftliche Zusammenhänge erklären.

Einer dieser Zusammenhänge besteht darin, dass Verfügbarkeit ein Riesenproblem ist. Das gilt zum Beispiel für Seitensprünge. Die meisten Psychologen konzentrieren sich ausschließlich auf die Paarbeziehung und predigen den Grundsatz, dass in einer gesunden Zweierbeziehung kein Dritter Platz hat. Das mag ja stimmen, ist aber nicht sehr pragmatisch. Es ist ein Unterschied, ob theoretisch ein Dritter Platz hätte oder ob dieser Dritte diesen Platz tatsächlich in Form eines Seitensprungs einnimmt. Das entscheidende Kriterium ist, und das belegen sämtliche Studien, die Verfügbarkeit. Wenn ein Mensch also in einer Beziehung bis auf ein paar Kleinigkeiten glücklich ist, aber dennoch Tag für Tag die Möglichkeit hat, die wenigen Mankos in einem Seitensprung zu kompensieren, wird er das eher tun, als wenn er sich in einer sehr unglücklichen Beziehung befindet, allerdings auf einer einsamen Hütte auf zweitausend Metern Höhe lebt.

Dasselbe Prinzip gilt auch für Süchte. Es steht jedem frei, die Ursache von Süchten in traumatischen Kindheitserlebnissen oder in einer missglückten Sozialisation zu suchen. Ich tue das schließlich auch. Wir müssen uns aber auch bewusst sein, dass auch die bloße Verfügbarkeit darüber entscheidet, ob eine Disposition zum Tragen kommt. Daraus ziehe ich einen ganz konkreten Schluss: Wir müssen uns als Gesellschaft auch einmal trauen, entgegen dem großen Freiheitsdogma »Nein« zu sagen. Immerhin ist es auch eine Form von Freiheit, gewisse gesellschaftliche Weichenstellungen zurücknehmen zu können.

Das »Nein« muss die Verfügbarkeit von Suchtmitteln betreffen. Das »Nein« muss aber ganz besonders die Verfügbarkeit von Suchtmitteln betreffen, die die Öffentlichkeit noch gar nicht als solche wahrnimmt. »Nein« sagen heißt eben auch, menschliche Schwächen zu kompensieren, an denen unsere Gesellschaft in den letzten Jahrzehnten gescheitert ist. Ganz nach dem Motto: »Wir hatten unsere Chance, jetzt müssen wir zurückrudern.« Eine dieser Schwächen betrifft ein fundamentales Suchtprinzip. Wenn ein Mensch einmal in den Genuss eines Dopaminkicks gekommen ist und ein Glücksgefühl seinen Körper durchströmte, dann will er das, was den Dopaminkick ausgelöst hat, wieder herbeiführen. Je leichter der Auslöser verfügbar ist, desto eher wird er immer und immer wieder darauf zurückgreifen. So sehr liberale Kreise, zu denen ich mich übrigens auch zähle, dagegen wettern: Das Verbot von gefährlichen Suchtsubstanzen wie Heroin, Kokain oder

Methamphetaminen hat dazu geführt, dass nur sehr wenige ihr Streben nach dem kurzfristigen Glück mit einer Drogensucht bezahlen. Die lasche Regulierung von Suchtsubstanzen wie Alkohol und Nikotin hat dazu geführt, dass unser Gesundheits- und Rehabilitationssystem zunehmend vor der Masse an körperlich schwer geschädigten Suchtpatienten in die Knie geht. Immerhin gibt es Einrichtungen, die nachträglich helfen. Die totale Ignoranz der Verhaltenssüchte und die damit einhergehende Verfügbarkeit der Suchtmittel wird aber dazu führen, dass das Suchtverhalten so gut wie keinen Restriktionen unterworfen ist und es auch keine Institutionen geben kann, die nachher die Trümmer zusammenklauben. Offiziell ist ja gar nichts passiert, auf das unser System reagieren müsste.

Das ist keine Freiheit, das ist totales Versagen und weil Verhaltenssüchte genau das Gegenteil von Freiheit bedeuten, schießt sich die Konsumgesellschaft innerhalb der »freien« Marktwirtschaft selbst ins Knie und wird zum sozialen Krüppel.

Deshalb ist die Zeit gekommen für einen dringenden Appell. Unsere Gesellschaft muss langfristig auf die Bremse steigen und jede Art von exzessivem Verhalten hinterfragen, egal ob sich das Verhalten auf Konsum, Internet, Spielen oder andere Betätigungsfelder bezieht. Erweist sich ein Verhalten als schädlich, ist es nur logisch, die Verfügbarkeit einzudämmen. So können wir das Missverständnis bekämpfen, dass ein Mensch langfristig glücklich sein kann, wenn sein Leben aus einer Abfolge von flüchtigen Glücksmomenten besteht. Das wahre Glück ist ein biochemischer Prozess, der auf einem langfristig stabilen Dopaminausstoß jenseits irgendwelcher Extreme basiert. Die Krux besteht darin, dass sich unser Gehirn eher für den kurzfristigen Glückkick begeistern kann. Deshalb finde ich es schön, wenn sogenannte Experten an die Eigenverantwortung appellieren. Ich fände es aber noch schöner, wenn die Eigenverantwortung durch Verantwortung des Staates abgesichert wäre. Wo der Mensch biologischen Prinzipien erliegen würde, muss eine aufgeklärte Gesellschaft eingreifen. Ich sehe hier mehrere Ebenen, wo die Verantwortung des Individuums in eine Verantwortung der Gesamtgesellschaft übergehen sollte. Kleinster gemeinsamer Nenner wäre das Nein zur totalen Verfügbarkeit von Suchtmitteln.

Erstens. Die Verantwortung der Ausbildungsstätten. Gerade in Europa hat sich ein Netzwerk von staatlichen Institutionen entwickelt, das darauf ausgerichtet ist, Menschen edukativ zu begleiten. Das beginnt bei Gesundheitsprogrammen für werdende Eltern und endet bei staatlich geförderten Ausbildungsmaßnahmen für ältere Arbeitnehmer. Wenn ich in Zusammenhang mit Sucht von »Ausbildungsstätten« rede, dann meine ich also nicht nur Kindergärten, Schulen und Universitäten. Ich meine auch nicht nur Aufklärungsunterricht, in dem Psychotherapeuten und Pädagogen von der bösen Sucht und ihren Symptomen erzählen. Ich denke, dass hier staatliche Gesundheitsorganisationen bereits genügend Programme entwickelt haben und dass all diese Programme eher gescheitert sind. Mein Bestreben wäre, dass sich Verfügbarkeit zu einem zentralen Thema des gesamten Ausbildungsapparates entwickelt. In einem ersten Schritt bedeutet das, dass wir bestimmte Verfügbarkeiten massiv eindämmen. Ich finde es unverantwortlich, dass junge Eltern bereits auf der Geburtenstation einen Rucksack mitbekommen, der vorwiegend Informationen darüber enthält, wo es die besten Shoppingmöglichkeiten für Babymöbel, Babygewand und Babyspielzeug gibt und der manchmal sogar ein gratis Bier für den Papa mitliefert. Ich halte es auch für problematisch, dass sich Höhere Schulen und akademische Einrichtungen permanent an den Anforderungen der Wirtschaft orientieren, die letztlich auf eine Dauerstimulation des Konsumkreislaufs abzielen. Richtig schlecht wird mir, wenn ich mir die diversen staatlichen Förderprogramme ansehe, die mediale Innovation automatisch mit Virtualität gleichsetzen. Um zu verstehen, was ich meine, lohnt sich zum Beispiel ein Blick auf das Portal des Austria Wirtschaftsservice. Im Programm »Impulse XL:1002« finde ich sechs Projekte unter dem Motto »Innovative Media«. Vier davon zielen nur darauf ab, reale Vorgänge aus dem Kultur- und Sportbereich in die virtuelle Welt zu übersiedeln. Ich will nicht, dass der Staat seine Fördermittel dafür einsetzt, dass Menschen ihre Jogging-Aktivitäten via *facebook* und *Twitter* »sharen« und »einen anfangs unsportlichen Avatar zum ‚Olympiasieger' entwickeln«, wie das die geförderte Applikation »runtastic« in Aussicht stellt, anstatt einfach reale Sportangebote zu propagieren. Eindämmung von Verfügbarkeit heißt für mich in diesen Fällen, dass wir Ausbildungs- und Förderangebote dem Diktat der Verhaltenssüchte entziehen.

Bildungseinrichtungen brüsten sich heute damit, wenn jeder Schüler oder jeder Student seinen eigenen Computerarbeitsplatz hat. Darauf kommt es aber nicht an. Eine wirkliche Leistung wäre es, wenn jeder Auszubildende als sozial kompetenter Mensch die Ausbildungsstelle verlässt. Von der Suchterziehung zur Beziehungserziehung, dieser Kurswechsel fällt in den Verantwortungsbereich unserer Ausbildungsstätten. Erlauben Sie mir noch eine Anmerkung aus aktuellem Anlass. 2011 wurde in Österreich das sogenannte »Bildungsvolksbegehren« initiiert, an dessen Spitze der ehemalige Finanzminister Hannes Androsch stand. Ich fand diesen Vorstoß wirklich beeindruckend. Unabhängig davon finde ich es aber befremdlich, dass Hannes Androschs beträchtliche Anteile am Glücksspielanbieter bwin.party, laut Medienberichten 4,6 Prozent, hält. Bis 2011 fungierte Androsch auch als Aufsichtsratsvorsitzender beim Vorgängerkonzern bwin. Im Zuge der Fusion mit Partygaming übernahm sein Anwalt die Funktion. Dem Bildungsaktivisten Hannes Androsch würde ich gerne mit auf den Weg geben, dass die Jugendlichen, deren Interessen er ja in dem Volksbegehren so gut vertrat, besonders Sportstars wie Cristiano Ronaldo, Kaká oder Xabi Alonso als Vorbilder und Rollenmodelle akzeptieren. Das wäre ja auch gut, wenn das den sportlichen Antrieb steigern würde. Alle drei tragen allerdings das Logo von bwin auf ihren Trikots und agieren auf der Website des Unternehmens als Botschafter für Glücksspielangebote im Internet. bwin geht sogar noch einen Schritt weiter, indem im Rahmen eines eigenen Kundenbindungsprogramms Angebote wie »Ehrenplätze nahe der Coaching-Zone« oder »Meet-and-Greet-Events« mit Spielern auftauchen. Den notwendigen Status und die notwendigen Punkte erarbeiten sich User über exzessives Spielen auf der Plattform von bwin. Ein reformiertes Schulsystem nutzt uns ziemlich wenig, wenn wir parallel dazu eine Generation heranziehen, deren primäres Ziel darin besteht, möglichst viele Punkte im Kundenbindungsprogramm eines Glücksspielkonzerns zu sammeln, um einmal die Hand eines großen Idols zu schütteln. Dass Hannes Androsch hier zwei diametrale Interessen vertritt, halte ich für symptomatisch. Auf europäischer Ebene haben die Staats- und Regierungschefs auch kein Problem damit, dass der amtierende Kommissar für Regionalpolitik und ehemalige österreichische Wissenschaftsminister Johannes Hahn neben politischen Tätigkeiten sechs Jahre lang im Vorstand des Glücksspielgiganten Novomatic saß und dem Tochterunternehmen Admiral Sportwetten als Vorsitzender des Aufsichtsrates beistand.

Zweitens. Die Verantwortung der Medien. Der Grund, warum Zigarettenwerbungen im gesamten EU-Raum aus Rundfunk- und Printmedien verschwunden sind, ist ein ziemlich pragmatischer. Die Marktforschung hat bewiesen, dass in Ländern, wo Zigarettenwerbung erlaubt ist, mehr Menschen rauchen als in Ländern, wo das Bewerben von Nikotinprodukten untersagt ist. Die Verbannung von Zigarettenwerbung aus dem medialen Raum hat also zu einer Senkung der Raucherrate geführt. Dafür gibt es eine einfache psychologische Erklärung. Die Verfügbarkeit von Suchtmitteln ist die eine Sache. Es geht aber auch darum, ob Medien ihre Konsumenten permanent an diese Verfügbarkeit erinnern. Wenn sich Medien also nicht für die Bewerbung von Suchtmitteln einspannen lassen, ist das ein wichtiger Beitrag jenseits der totalen Prohibition.

Reklame für Glücksspielkonzerne sollte genauso aus den Werbeblöcken verschwinden wie die Zigarettenwerbung. Das Gleiche gilt für Online-Multiplayer-Games. Ein Spiel wie *World of Warcraft* ist den kleinen Online-Bannern auf Internetplattformen längst entwachsen. Wenn eine neue Episode des Spiels auf den Markt kommt, wirft der Produzent Blizzard Entertainment TV-Spots auf den Markt, die an Trailer des US-amerikanischen Actionkinos und nicht an Computerspiele erinnern. Wer auf YouTube den Namen »Mists of Pandaria« eingibt, findet theatralische Ankündigungen, wie sie das Publikum von Studios wie *Pixar* oder *Dreamworks* kennt. Bloß, dass dahinter kein neunzigminütiger Popcorn-Streifen für die ganze Familie, sondern eine virtuelle Suchtwelt voller einsamer Seelen steckt, die immer mehr Jugendliche in ihren Bann zieht.

Die neueste World-of-Warcraft-Version »Mists of Pandaria« erwähne ich deshalb, weil sie besonders unverfroren ist. Als zentraler Charakter des Spiels tritt ein Kämpfer des »Volks der Pandaren« auf, der sicher nicht zufällig an den süßen Hauptdarsteller im Kinderfilm »Kung Fu Panda« erinnert. Blizzard Entertainment nimmt damit die nächste Generation an potentiellen Spielern an der Hand und führt sie mit einem kinderfreundlichen Charakter in die Welt der Multiplayer-Online-Rollenspiele ein. Dass das Vermarktungsgeschick von Blizzard Entertainment kein Einzelfall ist, zeigen übrigens aktuelle Umsatzzahlen aus der Unterhaltungsindustrie. Die Spieleindustrie setzte 2012 rund 25 Milliarden Dollar mit dem Verkauf von Computer- und Konsolenspielen um. Das ist beinahe doppelt so viel, wie Film- und Musikindustrie zusammengenommen im selben Jahr erwirtschafteten.

Die Reaktion einer mündigen, selbstregulierten Gesellschaft auf die kommunikativen Tricks der Industrie kann nur Boykott sein. Für eine exakte Richtlinie müssen die Konzernmanager das Rad nicht neu erfinden. Sie könnten sich zum Beispiel an den Werbebeschränkungen für Alkohol orientieren, in denen festgelegt ist, dass sich Werbung für alkoholische Getränke nicht an die Zielgruppe Kinder richten darf.

Im Fall der grassierenden Kaufsucht ist das Problem des medialen Umgangs damit wesentlich komplizierter. Kaufsucht betrifft potentiell jedes Produkt, das ein Konsument erwerben kann. Insofern müssten wir Werbung als omnipräsente Erinnerung an Konsummöglichkeiten komplett verbieten. Das ist unrealistisch und mit unrealistischen Forderungen möchte ich mich nicht aufhalten. Was sich aber sehr wohl tun ließe, ist auf die Einhaltung des Grundsatzes zu pochen, dass Werbung nicht gegen Redlichkeit und Wahrhaftigkeit verstoßen darf.

Wenn Werbung also mit sogenannten »Null-Prozent-Finanzierungen ohne Zinsen« wirbt, dann ist das ein Verstoß, der sofort zu ahnden wäre, weil sie die Illusion des kostenlosen Konsums propagiert. Auch das Versprechen, mit Hilfe eines Produktes ein glücklicherer Mensch zu werden, ist eine wissentliche Lüge und deshalb äußerst unredlich.

Werbung sollte außerdem keinen direkten oder indirekten Kaufzwang auf Konsumenten ausüben dürfen. Dieser Satz, oft genug formuliert, ist eigentlich ein unmissverständliches Bekenntnis, dass Werbung keine Verhaltenssüchte unterstützen darf. Die Realität sieht gerade bei schutzbedürftigen Kindern und Jugendlichen anders aus. Die Werber koppeln altersspezifische Bedürfnisse nach Anerkennung, Beliebtheit oder Attraktivität mit bestimmten Produktversprechen. Wer glaubt, dass das keinen Zwang ausübt, nur weil die Kids nicht mit vorgehaltener Pistole zum Kauf genötigt werden, hat sich getäuscht. Zwang ist auch dann gegeben, wenn sich ein Mensch aufgrund seines Entwicklungsstadiums gewissen Parolen nicht entziehen kann.

Drittens. Die Verantwortung der Politik als Regulator. Solange Ausbildungsstätten und Medien ihre Verantwortung nicht zu einhundert Prozent wahrnehmen, muss eine übergeordnete Instanz regulierend eingreifen. Das hat nichts mit Überwachungsstaat und schon gar nichts mit Freiheitsberaubung zu tun. Im Gegenteil, für einen Staat, der sich zu Konventionen der Vereinten Nationen bekennt, ist ein Nein zur Verfügbarkeit von Suchtmitteln eigentlich Pflicht. Insbesondere dann, wenn er damit Kinder und andere Schutzbedürftige vor negativen Konsequenzen bewahrt. Laut UN-Kinderrechtskonvention haben Kinder unter anderem »das Recht auf Gesundheit«, »das Recht auf Bildung und Ausbildung« und »das Recht auf Freizeit, Spiel und Erholung«. Verhaltenssüchte schädigen die Gesundheit, behindern Bildung und Ausbildung und sorgen für Erschöpfung, emotionalen Stress und körperlichen Verfall. Ein Staat, der die Verfügbarkeit von Suchtmitteln für Kinder und Jugendliche nicht unterbindet, verstößt also streng genommen gegen die UN-Kinderrechtskonvention. Das gilt natürlich auch für nicht substanzbezogene Suchtmittel, die in Verhaltenssüchten münden. Es ist also keine Bagatelle, wenn ein Konzern wie Blizzard Entertainment sein Spiel *World of Warcraft* – auch dank der Billigung der »Unterhaltungssoftware Selbstkontrolle«, kurz USK – bereits Zwölfjährigen anbieten darf, und zwar ohne Zeitlimits und ohne angemessene Aufklärung über die Risiken von exzessivem Internetkonsum. Regulation durch die Politik heißt in diesem Fall, dass wir die Verfügbarkeit von solchen Angeboten eindämmen und strengeren Kontrollmechanismen unterwerfen müssen. Das gebietet sogar die Biologie. Kinder haben schon ganz früh ein voll ausgebildetes Belohnungssystem im Gehirn. Die zuständigen Nervenzellen funktionieren bereits in jungen Jahren wie bei einem Erwachsenen. Im Gegensatz dazu sind die sogenannten »höheren geistigen Fähigkeiten«, also die Fähigkeit zur Selbstkontrolle, die Fähigkeit zum rationalen Denken oder die Fähigkeit zum längerfristigen Planen, noch lange nicht ausgereift. Die dafür nötige neurologische Ausprägung im Präfrontal-Cortex ist erst nach der Pubertät voll ausgebildet. Es besteht also eine massive Diskrepanz zwischen den Bedürfnissen des Belohnungszentrums und der Fähigkeit zur Selbstkontrolle. Wenn für ein Kind der Dopaminkick verfügbar ist, greift es zu, weil es gar nicht die neurologischen

Fähigkeiten besitzt, sich selbst zu bremsen. Insofern ist Kontrolle bei Kindern und Jugendlichen keine Frage der Weltanschauung, sondern eine Pflicht.

Die Verantwortung der Politik als Regulator beinhaltet auch die Verpflichtung, bei internationalen Dachorganisationen wie der WHO zu lobbyieren. Dabei geht es nicht nur um die längst überfällige Aufnahme von Verhaltenssüchten in die »International Classification of Diseases«, die letztendlich darüber entscheidet, welchen Stellenwert die Anerkennung und Bekämpfung von solchen Süchten innerhalb eines Gesundheitssystems hat. In einem ersten Schritt wäre es schon wichtig, wenn die staatlichen Institutionen aufgrund ihrer Erfahrungen aus der Praxis darauf pochen, dass die WHO ihre Funktion als Orientierungshilfe gewissenhafter wahrnimmt. Schon jetzt können sich Menschen auf der Website der WHO informieren, wo die sogenannte »Harmlosigkeitsgrenze« beziehungsweise »Gefährdungsgrenze« bei Alkohol liegt. Die Definition der Grenzwerte erfolgt in ganz konkreten Grammangaben und ist auf das Geschlecht eines Menschen abgestimmt. Wenn es um Spiel- oder Internetsucht geht, lässt die WHO die Menschen aber komplett im Stich. Gerade für die Eltern von Minderjährigen wäre eine unabhängige Orientierungshilfe wichtig, um die Verfügbarkeit von Online-Angeboten altersadäquat reglementieren zu können. Da es aber keine objektivierbaren Stellungnahmen gibt, stürzen sich die Eltern in Internetforen, wo sich Laien als große Experten aufspielen. Auf einer dieser Plattformen fand ich zum Beispiel folgende Frage der Userin »Rathilda«:

»Hallo! Mein achtjähriger Sohn hat bei seinem großen Bruder *World of Warcraft* gesehen und ihn dabei lange beobachtet. Nun will er es auch haben. Ab welchem Alter kann er das sinnvoll spielen und ist es für Kinder geeignet?«

Ein Experte würde aufschreien und anhand von wissenschaftlichen Informationen untermauern, dass *World of Warcraft* keinesfalls für Achtjährige geeignet ist. Wahrscheinlich würde er noch ergänzen, dass *World of Warcraft* für keinen Schutzbedürftigen geeignet ist und wenn, dann nur in geringen Maßen. Doch so einen Experten sucht eine Mutter vergeblich. Stattdessen entspinnt sich im Internetforum eine sinnlose Diskussion zwischen World-of-Warcraft-Fans und World-of-Warcraft-Gegnern, die den Blick auf die entwicklungspsychologischen Fakten verstellt. Im Hickhack um Pro und Kontra geht sogar der kurze Kommentar der Userin »bibi8888« unter. »Versuche, deine Kinder davon weg zu bekommen. Meinen Sohn hat es die Schullaufbahn gekostet!«

Indem die Verantwortlichen in den staatlichen Institutionen das Problem der Verhaltenssüchte endlich auf die tagespolitische Agenda setzen und auf internationaler Ebene Druck machen, könnten sie der emotionalisierten Debatte rund um den Internetkonsum endlich eine seriöse Note geben. Dass nicht nur ich das so empfinde, sondern auch Experten aus der Medienbranche, zeigt ein Kommentar des Wissenschaftsjournalisten Thomas Vašek im österreichischen Nachrichtenmagazin *profil* im November 2012:

DER FACEBOOK-KINDERGARTEN. SOLLEN KLEINE KINDER FACEBOOK NUTZEN DÜRFEN?

Was macht ein Neunjähriger auf facebook? Nichts, streng genommen. Kinder unter 13 Jahren dürfen sich bei dem sozialen Netzwerk nämlich gar nicht anmelden, ebenso wenig übrigens wie verurteilte Sexualstraftäter. So steht es bei facebook in den Nutzungsbedingungen. Die Realität sieht natürlich anders aus. Jedes Kind weiß heutzutage, wie man einen facebook-Account eröffnet – und dass man beim Alter schummeln kann. Laut diversen Studien nutzen etwa 7,5 Millionen Kinder unter 13 das Netzwerk. Für facebook ist das eine heikle Sache. Das Netzwerk selbst würde die Altersbeschränkungen durchaus gern aufheben, so berichtete das Wall Street Journal. Schließlich lockt ein riesiger Markt, man denke nur an Kinderspiele. Im vergangenen Jahr verdiente facebook mit Games wie FarmVille fast vier Milliarden Dollar. Allerdings gibt es massive Bedenken von Kinderschützern, unter anderem wegen der Zunahme von Mobbingfällen im Netz. Gerade Kinder sind diesem Cyberbullying oft ausgesetzt. Andererseits kann man die Kids offenbar nicht so einfach aussperren, und womöglich sollte man das auch gar nicht. Aber was machen unsere Kleinen eigentlich wirklich auf facebook? Das Problem ist: Niemand weiß es so genau. Zwar gibt es etliche Studien über das Nutzungsverhalten von Teenagern, aber kaum gesicherte Erkenntnisse zu jüngeren Kindern. Eine gravierende Wissenslücke, meinen die US-Forscherinnen Sara M. Grimes und Deborah Fields in ihrer Studie ‚Kids online'. Man könne nämlich nicht davon ausgehen, dass kleine Kinder soziale Netzwerke genauso nutzen wie Teenager; schließlich stünden sie ja auf einer ganz anderen Stufe ihrer kognitiven und sozialen Entwicklung. Es ist höchste Zeit, diese Wissenslücke zu schließen, bevor man ernsthaft über einen facebook-Kindergarten nachdenkt.

Vašeks Kommentar ist Sinnbild für die totale Ratlosigkeit, die die Ignoranz der politischen Entscheidungsträger und aller nachgelagerten Institutionen nach sich zieht. Wie viele Kids sind eigentlich auf *facebook*? Was tun sie dort? Ist das, was sie dort tun, schädlich? Und gibt es irgendwelche wissenschaftliche Maßstäbe, nach denen Eltern ihre Erziehungsmaßnahmen und etwaige Einschränkungen in der Verfügbarkeit ausrichten könnten?

Die Antworten auf diese Fragen fallen allesamt unbefriedigend aus. Nur eines scheint gewiss. Ein soziales Netzwerk ist kein idealistischer Selbstzweck, sondern ein gewinnorientiertes Unternehmen, das zum Beispiel mit einem Spiel wie »FarmVille« vier Milliarden umsetzt.

In solchen Fällen der Überforderung neigt die Politik dazu, die Verantwortung auf millionenschwere Aufklärungskampagnen zu schieben, die ein paar befreundeten Werbe-, PR- und Web-Agenturen, aber ganz sicher nicht der Sache dienen.

Wir brauchen keine launigen Spots, die das böse Internet an den Pranger stellen. Wir brauchen auch keine Ordner, die in den Ecken irgendwelcher Jugendeinrichtungen verrotten. Schon gar nicht brauchen wir Webauftritte, die aufklären wollen, indem sie die

Jugendsprache mit »cool« und »geil« auf peinlichste Art und Weise imitieren. Politisch Verantwortung übernehmen heißt, zunächst einmal das junge Feld der Verhaltenssüchte zu erforschen, neue Suchtmittel zu definieren und dann die Verfügbarkeit zu regulieren beziehungsweise Anhaltspunkte zu liefern, wie Verfügbarkeit von Eltern, Pädagogen und anderen Sozialisationsinstanzen zu handhaben ist. Politische Verantwortung übernehmen heißt auch, stark gegen die Lobbys der Suchtmaschinerien einzutreten. Wenn ein Konzern wie bwin die Stadt Bremen auf 5,9 Millionen Euro verklagt, weil sie in der Saison 2006/07 untersagt hatte, dass bwin als Hauptsponsor von Werder Bremen auf den Trikots steht, mag das vielleicht im Sinne einer freien Marktwirtschaft gerechtfertigt sein. Zusätzlich stellt sich aber die Frage, ob die öffentliche Hand nicht auch von bwin einfordern kann, dass das Unternehmen Behandlungskosten für Glücksspielsüchtige übernimmt. Damit ließen sich sicher viele Suchtambulanzen im Stil meiner Abteilung an der Nervenklinik Wagner-Jauregg eröffnen. Ich ziehe in diesem Zusammenhang gerne einen Vergleich mit der Tabakindustrie, die jahrelang über die Gefahren und Risiken ihrer Produkte Bescheid gewusst hat und dennoch bewusste Desinformation betrieben hat. Glücksspielkonzerne weisen gerne darauf hin, wie viel Geld sie in Spielerschutz und Suchtforschung investieren. Meistens sind dafür Abteilungen mit so schön klingenden Namen wie »Corporate Social Responsibility« oder »Responsible Gaming« zuständig. Ich nehme diese Bestrebungen sehr ernst. Aber weil ich das tue, würde ich mir von den Konzernen mehr Selbstkritik erwarten. Jeder halbwegs seriöse Experte würde nämlich bestätigen, dass Glücksspiel per se ein Geschäftszweig ist, der auch an ungesunde Mechanismen in der menschlichen Psyche appelliert. Die Glücksspielmanager sitzen damit in einem Boot mit den Managern der Tabakkonzerne, die mit einem physisch und psychisch krankmachenden Produkt Milliarden verdienen.

DAS VERFÜGBARKEITSMANAGEMENT

Im Moment können wir uns nicht auf andere verlassen. Deshalb müssen wir uns selbst um unser Wohl und das Wohl unserer Kinder kümmern. Zu diesem Zweck plädiere ich für ein gewissenhaftes Verfügbarkeitsmanagement.

Schritt eins des Verfügbarkeitsmanagements. Begrenzung.

Ein Elternteil muss dem Kind sinnvolle Grenzen aufzeigen. Sobald ein Kind ein neues Spielzeug sieht, möchte es die Eltern sofort zum Kauf bewegen. Die Mittel der kindlichen Überzeugungsarbeit im Fall der Kaufverweigerung sind ganz unterschiedlich und hängen vom Temperament und den bisher gemachten Erfahrungen ab. Manche Kinder jammern lautstark, andere beginnen bitterlich zu weinen, wiederum andere bekommen einen Wutanfall und wälzen sich schreiend am Boden. Jede dieser Reaktionen ist absolut normal und deshalb auch kein Grund zur Sorge. Reagiert ein Kind auf diese Weise, muss sich ein Elternteil nicht schämen und kann auch die genervten Blicke der Umstehenden seelenruhig an sich abprallen lassen. Die Gründe für den Frust sind entwicklungsadäquat. Das Belohnungssystem des Kindes ist bereits ausgeprägt. Gleichzeitig hat es eine geringe Frustrationstoleranz. Der Wunsch nach einer Belohnung trifft im Falle einer Ablehnung auf das Unvermögen, negative Gefühle zu kontrollieren und sich selbst zu trösten. Daraus entstehen die extremen Reaktionen von Kindern. Wirklich relevant ist in solchen Situationen nur, dass die Eltern das Prinzip der Begrenzung aufrechterhalten. Wenn ich von Begrenzung spreche, dann meine ich kein lakonisches »Nein«, mit dem die Wünsche des Kindes diskussionslos vom Tisch gewischt werden. Solch eine Art von Erziehung, in der »die Kinder den Mund halten, wenn ein Erwachsener spricht«, bringt nur Ja-Sager mit geringem Selbstwert, aber ganz sicher keine mündigen Leistungsträger hervor. Begrenzung heißt, dass ein Kind nicht jedem Bedürfnis unreflektiert nachgeben darf. Das Resultat der Begrenzung kann durchaus ein Kompromiss sein, in dem sich beide Seiten entgegenkommen. Ich möchte das an einem Beispiel veranschaulichen, das auch gleich die enorme Bedeutung der Begrenzung für die Prävention von Verhaltenssüchten veranschaulicht.

Wenn sich ein Kind vor den Computer setzt und ein Online-Spiel entdeckt, in dem vielleicht auch noch einige coole Schulfreunde zugegen sind, findet es relativ schnell Gefallen daran. Gäbe es kein Regulativ, würde das Kind nun ungehemmt loszocken, weil es auf der einen Seite ein funktionierendes Belohnungssystem hat, auf der anderen Seite aber noch entwicklungsbedingte Defizite in der Selbstkontrolle aufweist. An dieser Stelle muss ein Elternteil auf den Plan treten und die Spielzeit regulieren. Dieser Schritt ist alternativlos. Immer wieder höre ich von Eltern:

»Herr Doktor, wie sollen wir das verbieten? Alle Jugendlichen sitzen stundenlang vor dem Computer und spielen diese Online-Games. Wir sind Fußball spielen gegangen und die Kids gehen eben online.«

Nein, so einfach können es sich Eltern nicht machen. Zum einen gibt es trotz lauter werdender Kritik an der Jugend noch immer sehr viele Kinder und Jugendliche, die sich in ihrem Freundeskreis engagieren, in Sportvereinen aktiv sind und ein gesundes soziales Leben führen. Zum anderen ist es vollkommen egal, ob der Großteil der Altersgenossen einen Blödsinn macht oder nicht. Wir Menschen sind keine Lemminge. Wir können entscheiden, ob wir uns mit einer bestimmten Gruppe in den Abgrund stürzen oder unseren eigenen Weg gehen. Also sage ich solchen resignativen Eltern, dass die Begrenzung zu einer tragenden Säule ihrer Erziehung werden muss. Dazu gehört zum Beispiel, dass Eltern eine konkrete Zeit für die Nachtruhe definieren. Nachtruhe kann natürlich unterschiedliches bedeuten. Für kleine Kinder bedeutet Nachtruhe, dass sie ins Bett gehen müssen. Für Jugendliche könnte Nachtruhe bedeuten, dass der Konsum von elektronischen Medien ab einem gewissen Zeitpunkt einzustellen ist. Zu elektronischen Medien zählen der Computer, das Smartphone und sämtliche Gerätschaften, mit denen ein Jugendlicher heimlich bis um drei Uhr in der Früh online sein kann. Hier haben Eltern eine Bringschuld. Eltern dürfen sich nicht auf ihre veraltete Definition von Medienkonsum versteifen, sondern müssen sich aktiv über die Lebenswelt ihrer Kinder informieren.

Obwohl die meisten Kinder und Jugendliche auf Maßnahmen wie eine »Nachtruhe« allergisch reagieren, müssen Eltern diese Kontrolle ausüben. Dabei führen verschiedene Wege zum richtigen Ziel. Es spricht zum Beispiel überhaupt nichts dagegen, mit einem Kind in Verhandlung zu treten. Wenn das Kind einen vernünftigen Grund nennen kann, warum es noch zwanzig Minuten spielen sollte, dann soll es auch zwanzig Minuten länger spielen. Solche Zugeständnisse haben eine große Wirkung. Sie vermitteln Wertschätzung und zeigen einem Kind, dass es selbstwirksam ist, dass es also Einfluss auf sein eigenes Schicksal nehmen kann. Zwanzig Minuten weniger Schlaf sind in Bezug auf Gesundheit, Fitness und Konzentration absolut verschmerzbar. Umgekehrt können aber genau diese zwanzig Minuten zu einer sinnvollen Diskussion führen, in der sich ein Kind mit Bedenken auseinandersetzt und sich bemüht, auf einer vernünftigen Basis zu argumentieren. Kind und Elternteil treten im Rahmen solcher Diskussionen in Beziehung zueinander und genau das mindert die Anfälligkeit für Süchte. Es klingt vielleicht paradox, aber Begrenzung von Verfügbarkeit hat auch immer mit Flexibilität zu tun. Die Grenzen in der Erziehung verlaufen eben nicht immer schnurstracks von A nach B. Sie sind eher wellenförmig und erlauben Territoriumgewinn auf beiden Seiten. Gewisse Regeln bleiben. Die Grenze geht zum Beispiel immer von A nach B. Über den exakten Verlauf lässt sich aber sehr wohl diskutieren. Wichtig ist nur, dass immer die Eltern die Ausnahme bestimmen und nicht das Kind. Dieses letzte Stück Hierarchie ist im Rahmen der Begrenzung unumgänglich.

Schritt zwei des Verfügbarkeitsmanagements. Vorleben. Wir werden es als Gesellschaft niemals schaffen, die Verfügbarkeit von Suchtmitteln auf null zu senken. Das ist auch gut so. Eine Gesellschaft, die nur deshalb abstinent ist, weil ihr ein Regulator die Suchtmittel entzieht, ist genauso krank wie eine Gesellschaft, die ihre Sucht hemmungslos auslebt. Der Unterschied ist nur die Sichtbarkeit der Symptome. Unser Ziel muss aber eine Gesellschaft sein, in der die eigentliche Krankheit keine Rolle mehr spielt. Solch eine gesunde Gesellschaft kann ruhig mit Suchtmitteln leben. Die Suchtmittel sind dann nämlich Genussmittel, deren Verfügbarkeit wohldosierte Momente des Glücks ermöglicht. Diesen Umgang mit Verfügbarkeit lehren Eltern am besten durch Vorleben. Kinder vergessen Gesagtes. Im Gegensatz dazu können sie sich Gesehenes aber besonders gut merken. Indem uns unsere Kinder dabei beobachten, wie wir mit den Verfügbarkeiten von Suchtmitteln umgehen, wie wir aus ihnen Genussmittel machen und dadurch positive Selbstkontrolle ausüben, gewinnen wir die Deutungshoheit in ihrem Leben zurück. Nicht Werbespots, Computerspiel-Avatare oder hochbezahlte Testimonials sollten unseren Kindern zeigen, wie Glück und Zufriedenheit aussieht, sondern wir. Indem Eltern auch das Verfügbarkeitsmanagement zum Gegenstand ihrer Vorbildwirkung machen, nutzen sie die uralten Prinzipien des Modelllernens. Die Kinder lernen am Modell Mama oder am Modell Papa. Somit ist Vorleben die unmittelbarste Form von positiver Prägung. Hinzu kommt, dass diese Art des Lernens auch in soziale Beziehungen eingebettet ist. Wenn Eltern also einen gesunden Umgang mit der Verfügbarkeit von Suchtmitteln vorleben, übernehmen die Kinder diese Kompetenz.

Solche Erkenntnisse sollten uns glücklich machen. Die Heilung der Suchtseuche hängt langfristig nicht an Innovationen aus der Pharmaindustrie oder an der Vernunft der Politik. Sie hängt nicht einmal an denjenigen, die Tag für Tag versuchen, uns und unsere Kinder mit Hilfe von Kommunikationsexperten, Konsumpsychologen und Lobbyisten süchtig zu machen. Wenn wir als Eltern im Rahmen eines guten Verfügbarkeitsmanagements vorleben, wie mit der verführerischen Umwelt umzugehen ist und das ganze auch noch in eine intensive Beziehung zu unseren Kindern verpacken, machen wir uns von allen externen Maßnahmen – auch von denen, die ich den Verantwortlichen aus Medien, Bildungswesen und Politik vorgeschlagen habe – unabhängig. Weiter vorne habe ich vom Prinzip »Don't do as I do, do as I say!« beim Arzt gesprochen. Der Arzt kann so etwas sagen. Er ist kein Erzieher, sondern Berater. In der Erziehungsarbeit können wir es uns nicht so leicht machen. Da gilt der Grundsatz »Do as I do«. Wenn es ein Elternteil gut macht, macht's auch das Kind gut. Umgekehrt wäre es sehr schwierig, als rauchender Alkoholiker mit ausgeprägter Spielsucht der nächsten Generation klar zu machen, dass Sucht etwas sehr unangenehmes ist. Das Argument des »abschreckenden Beispiels«, durch das Kinder ja auch lernen können, lasse ich nicht durchgehen. Kein Kind hat einen positiven Lerneffekt, wenn es sieht, wie ein Elternteil vor die Hunde geht. Dadurch können wir eine weitere heilsame Erkenntnis aus der Beziehung zu unseren Kindern mitnehmen. Dass wir durch bewusstes Vorleben unseren Kindern eine bessere Zukunft schenken, liefert uns eine perfekte Motivation, auch unser eigenes Leben besser zu gestalten. Aus meiner ärztlichen Praxis weiß ich, dass solch eine Erkenntnis für viele erwachsene Suchtkranke den entscheidenden Wendepunkt darstellt. Die eigene Gesundheit hätte oft nicht gereicht, um eine Therapiemotivation aufzubauen. Das gesunde Leben als vorbildhaftes Modell im eigenen Familienleben zog bei diesen Fällen viel eher.

Verfügbarkeitsmanagement, wie ich es soeben beschrieben habe, ist ein wichtiger Schritt in der Anti-Sucht-Erziehung. Es basiert auf sechs tragenden Säulen, die allesamt mit dem Alltag einer modernen Familie kompatibel sind.

Erstens. Wir müssen aktiv an unserer Entwicklung arbeiten und Initiative ergreifen. Wir sind nicht Beifahrer in unserem Familienleben, sondern gestalten es nach unseren Vorstellungen und Werten.

Zweitens. Wir sollten dafür sorgen, dass sich unsere Kinder selbstwirksam fühlen und dadurch Gewissheit bekommen, Kontrolle über das eigene Verhalten ausüben zu können. Wer weiß, wie sich Kontrolle anfühlt, kann auch schneller erkennen, wann er die Kontrolle verliert.

Drittens. Wir dürfen keine starren, weltfremden Erziehungsdogmen propagieren. Solange das erzieherische Handeln schlüssig ist, vereint es Nachgiebigkeit und Konsequenz, Gebote und Freiräume, Streit und Harmonie und viele andere vermeintliche Gegenpole zu einem homogenen Ganzen.

Viertens. Wir brauchen uns nicht von einem idealisierten Familienbild überfordern lassen. Zutiefst menschliche Emotionen wie Wut oder Frustration sind in Ordnung, solange die Kommunikation wertschätzend bleibt. Wer glaubt, dass das ein Widerspruch ist, ist von der kollektiven Verteufelung negativer Emotionen beeinflusst. Wahr ist, dass jeder Mensch Wut empfinden kann, mit seiner ganzen Körpersprache Wut vermitteln kann, sogar sagen kann, dass er wütend ist und dennoch das Gegenüber nicht beleidigen oder gar erniedrigen muss. Niemand muss sich menschliche Emotionen verbieten und kann daher all seine Energie in die zwischenmenschliche Ebene investieren.

Fünftens. Indem Eltern eine aktive Funktion in der kindlichen Entwicklung übernehmen, lernen Kinder, sozialen Halt in ihrer realen Umgebung zu suchen.

Sechstens. Positive Beziehungsangebote sind wichtig. Ein Elternteil kann eine Aktivität wie Internetsurfen erlauben unter der Prämisse, dass die Aktivität gemeinsam in Angriff genommen wird. Solch ein Vorgehen bedeutet Auseinandersetzung und diese Form von Wertschätzung ist viel wichtiger als alle Erziehungsregeln der Welt.

DIE KOLLEKTIVE TECHNOLOGIESUCHT

Ich glaube, dass der Stillstand bei der Bekämpfung von Verhaltenssüchten mit Ratlosigkeit in allen gesellschaftlichen Bereichen zu tun hat. Die Ratlosigkeit ist wiederum Resultat einer Verfügbarkeit, die alles bisher Gekannte in den Schatten stellt. Ein Großteil der Verhaltenssüchte ist an den Siegeszug des Computers gekoppelt. Mit dem Personal Computer, der heute in fast jedem Haushalt steht, erreicht das Internet eine Flächendeckung, wie wir sie vor zwanzig Jahren noch nicht für möglich gehalten hätten. Erst durch diese Infrastruktur konnten ganze Wirtschaftszweige in die virtuelle Welt übersiedeln und sich damit der kritischen Öffentlichkeit entziehen. Gerade für suchtrelevante Entwicklungen hatte das fatale Folgen. Durch die Weiterentwicklung hin zu mobilen Geräten mit Internet-Flatrates und WLAN-Funktionalität hat sich ein weitläufiges Verfügbarkeitsszenario ohne Regulativ entwickelt.

Erstens. Shopping-, Internet-, Gaming-, Wett- und Casino-Angebote sind dank internetbasierender Dienste überall. Zu Hause, in der Arbeit, in der Schule, in öffentlichen Verkehrsmitteln, auf der Toilette, im Bett, ja überall da, wo sich ein Mensch bewegen kann. Nur Funklöcher ermöglichen Auszeiten. Deshalb investieren die Netzbetreiber Millionen, um die wenigen verbliebenen Funklöcher zu stopfen. Nicht-Verfügbarkeit ist nämlich der erklärte Feind der legalen Suchtindustrie. Nicht-Verfügbarkeit heißt, dass Menschen nicht online sind und wieder auf den Geschmack kommen könnten, ohne den Shopping-, Gaming-, Social Network- und Kommunikations-Overkill zu leben. Um das zu verhindern, stellen die Netzanbieter Sendemasten in jeden noch so entlegenen Winkel der Erde.

Zweitens. Die Nutzung von computer- und internetbasierenden Angeboten ist nahezu unsichtbar, weil sie nicht mehr vor dem öffentlichen Auge stattfindet. Hinzu kommt, dass große Teile der Elterngeneration noch immer nicht verstehen, wie dieser ganze Internet-Hype funktioniert. Sie denken, *facebook* braucht ein Kind für die Schule und *World of Warcraft* sei eine neuere Version vom Gameboy-Spiel »Super Mario«. Wenn das Kind ein Jugendkonto will, ist das auch okay. Sonst würden es die renommierten Banken ja nicht anbieten. Insofern sind Verhaltenssüchte Schattensüchte, die für eine Gesellschaft schwer zu erfassen sind.

Drittens. Die rasante Entwicklung überholt regelmäßig die Regulatoren, indem Schutzmaßnahmen, die von irgendwelchen schwerfälligen Expertenkommissionen erarbeitet wurden, bei Fertigstellung obsolet sind, weil die Community längst in einen neuen virtuellen Raum übersiedelt ist. Deshalb erreichen Verhaltenssüchte ein epidemisches Ausmaß. Sie sind wie ein hocheffizienter Virus, der sofort mutiert, sobald die Wissenschaft einen Impfstoff gefunden hat.

Viertens. Die reale Ortlosigkeit des Internets setzt sogar aufrechte Gesetze außer Kraft. Bestes Beispiel ist die Internetpornografie, die oft Gegenstand von Internetsüchten ist. Es ist noch nicht so lange her, da konnten Kontrollinstitutionen Porno-Konsum dank der Verbreitung auf Datenträgern recht gut kontrollieren. Es war im Prinzip ganz einfach. Wer Pornos verkauft oder verliehen hat, musste die Altersbeschränkung einhalten. Weil das Geschäftsmodell mit realen Einrichtungen wie Verkaufsraum, Lager und Vertrieb verbunden war, ließ sich die Bestimmung auch exekutieren. Heute gibt es nichts Haptisches mehr. Pornos liegen als Dateien auf irgendwelchen Servern. Die Kontrollierbarkeit geht gegen null, sämtliche Jugendschutzgesetze sind außer Kraft gesetzt, die Eltern haben keine Ahnung und Zehnjährige denken doch tatsächlich, »Double-Anal-Penetration« mit einer »MILF«, also einer »Mom I'd like to fuck«, gehöre zu den alltäglichen Geschlechtspraktiken zwischen Mann und Frau. All das ist nur deshalb möglich, weil die unkontrollierbare Verfügbarkeit von digitalem Raum zu einer unkontrollierbaren Verfügbarkeit von Inhalten jenseits des Jugend- und Konsumentenschutzes führt.

Die vier Punkte lassen einen klaren Trend erkennen. Was den rasanten Aufstieg der Verhaltenssüchte kennzeichnet, ist der Umstand, dass die verstärkte Auslebung dieser Süchte eindeutig technologiegetrieben ist. Kauf-, Spiel- und Internetsucht ließen sich auch ohne weiteres unter dem Begriff Technologiesüchte zusammenfassen, weil ihr Aufstieg zur gesellschaftlichen Bedrohung erst mit technischen Innovationen möglich geworden ist. Bei der Internetsucht ist die Schnittmenge einhundert Prozent. Bei Kauf- und Spielsucht haben sich zwei jahrhundertealte Prinzipien, nämlich das Einkaufen zur Verbesserung der Lebenssituation und das Spielen um einen Gewinn, vom Kreislauf der Real-Gesellschaft losgekoppelt und sind in einen einsamen Raum übersiedelt, wo es kaum noch Regulative, soziales Feedback oder Anbindung an zwischenmenschliche Beziehungen gibt.

APPELL AN DIE WIRTSCHAFT

Ich erinnere mich noch gut an die Krisenjahre, die ab Ende 2008 die Weltwirtschaft prägten. Damals kämpften alle psychosozialen Einrichtungen mit einem Patientenansturm. Die Wirtschaftskrise hatte auf die persönliche Lebenssituation vieler Menschen und damit auch auf deren psychische Verfassung übergegriffen. Gerade Suchteinrichtungen waren besonders von dieser Entwicklung betroffen. Bei vielen Menschen mit Verhaltenssüchten führte die Wirtschaftskrise zum Verlust des Arbeitsplatzes. Bei näherer Betrachtung ist das nur logisch. Süchtige zählen nicht unbedingt zu den Leistungsträgern eines sozialen Gefüges, deshalb lassen Arbeitgeber sie als erste fallen, wenn es darum geht, Personal abzubauen. Das Wegbrechen des Einkommens führte gerade in Krisenzeiten zu einer Zuspitzung der ökonomischen Situation mit massiver Armutsgefährdung, familiären Konflikten und Druck von den kränkelnden Banken, die Angst vor Kreditausfällen hatten. Das einzig Gute an der Ausweglosigkeit ist, dass Menschen dann häufiger Hilfe in Anspruch nehmen. Insofern war die Wirtschaftskrise eine Bewährungsprobe für psychosoziale Einrichtungen auf der ganzen Welt. Inmitten der Hiobsbotschaften über Bankenpleiten, Immobilienblasen und Konjunktureinbrüchen fürchtete ich mich vor Weihnachten. Die Weihnachtsfeiertage sind schon in guten Zeiten ein emotionales Minenfeld. Nun da die Krise voll im Gang war, erwartete ich mir Tristesse pur. Umso mehr überraschten mich ökonomische Jubelbotschaften, die der Handel im Zuge der langen Einkaufssamstage durch den Äther schickte. Trotz Wirtschaftskrise sei der Konsum stabil, berichteten die Vertreter der Interessenverbände. Die Österreicher würden nach wie vor ordentlich Geschenke einkaufen und auf diese Weise die Konjunktur ankurbeln. »Der Handelsmotor läuft rund«, attestierte Erich Lemler, Obmann der Bundessparte Handel in der Wirtschaftskammer Österreich. »Im Weihnachtsgeschäft 2009 konnte mit erstmals mehr als 1,5 Milliarden Euro ein Rekordumsatz erzielt werden. Für das Gesamtjahr steht unter dem Strich ein nominelles Umsatzplus von 1,3 Prozent. Das ist mehr, als man erwarten durfte.« Im deutschen *Handelsblatt* war von Katerstimmung im Jahr nach der ganz großen Krise nichts zu spüren. Dort analysierte Stefan Genth als Hauptgeschäftsführer des Handelsverbandes HDE die Lage. »Die Menschen haben sich das Einkaufen von den chaotischen Wetterverhältnissen nicht verderben lassen«, verkündete er gut gelaunt. Dass auch die chaotischen Wirtschaftsverhältnisse überwunden seien, zeige sich daran, dass sich die Konsumenten wieder etwas Besonderes wie Uhren und Schmuck gönnen. »Wenn solche Branchen gut laufen, dann ist die wirtschaftliche Lage entspannt.«

Bei einem Handelsvertreter mag diese Botschaft Tränen des Glücks verursachen. Bei einem Suchttherapeuten lässt sie aber alle Alarmglocken schrillen. Wenn Menschen trotz schlechter Zeiten ungebrochen weitershoppen, zeugt das von Kontrollverlust, der eigentlich nur auf Konsumschulden basieren kann. Auf die Weihnachtseinkäufe bezogen meint Hannes Hassler von der Schuldnerberatung Wien in einem Interview: »In der Zeit von Mitte Jänner bis Mitte Mai haben wir 20 Prozent mehr Anmeldungen als im Jahresdurchschnitt.«

Das Zustandekommen dieser Konsumschulden ist ein Paradebeispiel dafür, wie der Handel die Ratio ausschaltet und nur mehr das Belohnungszentrum des Konsumenten anspricht. Ratenfinanzierungen suggerieren die Möglichkeit, trotz leerer Geldbörse friktionsfreie Weihnachten zu erleben, mit neuem LED-Fernseher für den Papa, einen Hometrainer für die Mama und einer Playstation 3 für die Kinder. Glücksversprechen der Werbung beschwören den Geist besserer Zeiten. Dass die Weihnachtszeit in den Krisenjahren keine neue Demut hervorgebracht hat, zeigt, dass unsere Gesellschaft vollends im Konsumrausch versinkt und die Profiteure des maßlosen Konsums auch nicht davor zurückschrecken, einem Angezählten, der bereits am Boden liegt, den Rest zu geben. Darüber spricht keiner. Die Öffentlichkeit spricht nur darüber, dass der Handel entgegen jeder mikroökonomischen Logik auch in der Krise kräftig im Weihnachtsgeschäft absahnt. Die Konsumenten nehmen eben einen letzten Anlauf, um die Konjunktur anzukurbeln. Dass dieser Anlauf über ein schwankendes Drahtseil namens Überziehungsrahmen und Kreditkartenlimits führt, und dass dieses Drahtseil auch noch über einen tiefen Abgrund namens Schuldenfalle gespannt ist, blenden die Konsumpropheten aus.

Ich bin mir sicher, dass wir ein tiefgreifendes Problem wie die Suchtgesellschaft nur dann bekämpfen können, wenn wir einen Konsens herstellen. Sucht ist nämlich kein abgeschlossenes System, das sich auf bestimmte gesellschaftliche Bereiche, auf einzelne Gesellschaftsschichten oder auf spezielle Altersgruppen reduzieren lässt. Sucht ist ein komplexes System, das nach komplexen Lösungen schreit. Komplex heißt in diesem Fall nicht schwierig. Komplex heißt, dass viele Zahnräder ineinander greifen. Um die Aufrichtigkeit meines Ansinnens zu beweisen, möchte ich mit einem Geständnis beginnen. Ich finde es wichtig, mit offenen Karten zu spielen.

Wir, die wir versuchen, das Problem an der Front der Suchtopfer zu bekämpfen, sind überfordert. Wir können Einzelnen helfen, wir können Konzepte für noch breitenwirksamere Behandlungsmethoden ausarbeiten, wir können an die Entscheidungsträger in Politik und Gesundheitswesen appellieren und wir können um zusätzliche Ressourcen bei NGOs und privaten Gönnern betteln. All das ist aber nur der berühmte Tropfen auf dem heißen Stein. Was wir ganz offensichtlich nicht können, ist die entscheidende gesellschaftliche Wende herbeiführen. Eine Wende, die Verhaltenssüchte endgültig im Kanon der international anerkannten Krankheiten etabliert und dadurch das gesellschaftliche Bekenntnis erzwingt, diese Verhaltenssüchte in Zukunft zu bekämpfen.

Wir sind deshalb gescheitert, weil die Profiteure der Verhaltenssüchte zum Großteil keine Mafiaorganisationen, keine Schmuggler, keine Mörder und keine Giftmischer sind. Die Profiteure der modernen Verhaltenssüchte, die Profiteure von Spiel-, Kauf- und Internetsucht, sind hofierte Unternehmerpersönlichkeiten, die ihr Geschäftsmodell mit Lizenzen, Börsennotierungen, Wirtschaftsförderungen und Steuerzahlungen legitimieren haben lassen.

Wir stehen vor drei fundamentalen Herausforderungen.

Erstens. Wir müssen zurück an den Start und hinter Ideen blicken, die uns mit ihrem Erfolg geblendet haben. Welche Modelle sind für eine Gesellschaft wirklich tragbar und wo haben wir uns vom technischen Fortschritt überrollen lassen? Wenn wir diese Fragen ehrlich beantworten, können wir mit den schwierigen Aufräumarbeiten beginnen.

Zweitens. Wir müssen Geschäftsmodelle identifizieren, bei denen die Schädigung der psychischen, sozialen und physischen

Gesundheit nicht nur ein Nebeneffekt des Geschäftsmodells ist, sondern das Geschäftsmodell trägt. Ein klassischer Fall für solch ein Geschäftsmodell ist die Tabakindustrie oder in abgeschwächter Form das sogenannte »Kleine Glücksspiel«. Langfristig sollten wir danach streben, solche schädigenden Geschäftsmodelle aus unserem Gefüge zu entfernen.

Drittens. Wir müssen natürlich so differenziert vorgehen, dass wir nicht alle suchtbehafteten Modelle in einen Topf werfen, sondern auch erkennen, wenn ein Geschäftsmodell bloß durch Fehlentwicklungen zur Suchtmaschine geworden ist. Es wäre zum Beispiel weltfremd und ausgesprochen dumm, das Internet oder den Erwerb von schönen Dingen pauschal als gesellschaftsschädigend zu brandmarken. Was wir aber sehr wohl tun müssen: Wir müssen pervertierte Auswüchse von ehemals guten Dingen rückgängig machen. Gerade dafür braucht es das Ethos von echten Unternehmerpersönlichkeiten.

Alle drei Herausforderungen lassen sich nur mit einer Allianz bewältigen. Wir, die Behandelnden, bemühen uns weiterhin um die Suchtkranken. Ihr, die Wirtschaftstreibenden, und eure Interessenvertreter müsst uns dabei unterstützen, die Verfügbarkeit von legalen Suchtmitteln einzudämmen.

Idealerweise sollten eure Beweggründe ideeller Natur sein. Wenn das aber nicht reicht, habe ich noch ein anderes Argument parat. Ihr schadet euch selbst. Kurz- und mittelfristig macht ihr mit den Verhaltenssüchtigen vielleicht ein gutes Geschäft. Langfristig zieht ihr aber eine Generation heran, die als Wirtschaftsmotor vollkommen ungeeignet ist, weil sie keine Ideen, keine Disziplin, keine Visionen, keine zwischenmenschlichen Kompetenzen, keinen Realitätsbezug, keinen Antrieb, keine Eigenmotivation und keinen Gestaltungswillen hat.

Meine Frage lautet: Taugen solche sozialen Krüppel als prospektive Zielgruppe mit Kaufkraft oder als wertvolle Arbeitskräfte?

Die Antwort auf diese Frage sollte die Wirtschaftstreibenden in Alarmbereitschaft versetzen.

Hier ist mein Konsensvorschlag für einen gemeinsamen Kampf gegen Verhaltenssüchte und die Verfügbarkeit der entsprechenden Suchtmittel.

Erstens. Einigen wir uns darauf, dass ein Unternehmer auch mit Dingen Geld verdienen kann, die den Menschen nicht schaden.

Zweitens. Einigen wir uns darauf, dass Dinge und Dienstleistungen, die Menschen potentiell schaden, nicht ständig verfügbar sind und auch nicht ständig beworben werden.

Drittens. Einigen wir uns darauf, dass Schutzbedürftige, insbesondere Kinder, vom Radar der Marketingabteilungen verschwinden.

Viertens. Einigen wir uns darauf, dass wir alle eine gesellschaftliche Verantwortung haben und dass ihr euch als Wirtschaftstreibende freiwillig einschränkt, um diese Verantwortung wahrzunehmen.

Fünftens. Einigen wir uns darauf, dass wir niemals die perfekte Lösung finden können, weil es immer schwarze Schafe geben wird und dass wir genau deshalb für eine sinnvolle staatliche Regulierung eintreten.

Sechstens. Einigen wir uns darauf, dass wir nicht mehr auf die Ablenkungsmanöver der »Bad Player« hereinfallen, die mit Kultursponsoring und Pseudocharity von ihren Machenschaften ablenken.

Siebtens. Einigen wir uns darauf, dass wir keine puritanischen Moralapostel sind, die gut gemachte Unterhaltung, Genuss und schöne Dinge verteufeln.

Achtens. Einigen wir uns darauf, dass die Wirtschaft und ihre Proponenten viel zu einer funktionierenden Gesellschaft beitragen können und deshalb umso mehr gefragt sind, wenn es in einem Bereich schiefläuft.

Neuntens. Einigen wir uns darauf, dass wir allein schon wegen dem Faktor Arbeitsmarkt nicht alle Firmen zusperren können, die mit Sucht in Verbindung gebracht werden – dafür können wir aber an diese Firmen appellieren, ein gewisses Maß nicht zu überschreiten.

Zehntens. Einigen wir uns darauf, dass wir den Eltern ihre Verantwortung nicht abnehmen können und auch nicht abnehmen wollen, dass wir den Eltern aber sehr wohl helfen, sich in der technologisierten Lebenswelt ihrer Kinder zurechtzufinden.

Elftens. Einigen wir uns darauf, dass auch unser Gesundheitssystem besser werden muss, indem es nicht nur perfekte Versorgung für Beinbrüche, Schlaganfälle und andere »klassische« Krankheitsbilder, sondern auch für psychosoziale Notfälle anbietet.

Dass mein Elf-Punkte-Programm für einen breiten gesellschaftlichen Konsens durchaus Realitätsbezug hat, zeigen mir bereits realisierte Projekte aus der Wirtschaft, die gesellschaftlichen Weitblick mit ökonomischem Erfolg verbinden. Ich denke da zum Beispiel an den Friedensnobelpreisträger Muhammad Yunus, der als »Bankier der Armen« soziales Engagement mit einem sinnvollen Finanzprodukt gekoppelt hat, oder an Heini Staudinger, der mit seiner Schuhproduktion jenseits von Massenfertigung viele Arbeitsplätze in einer strukturschwachen Region geschaffen hat, oder an die alternative Investmentfirma Ashoka, die Risikokapital ausschließlich an Gründer aus dem Bereich »Social Entrepreneurship« verteilt. Wenn wir den Geist solcher Unternehmerkonzepte auf die Bekämpfung der Verhaltenssüchte übertragen, können wir innerhalb der nächsten fünfzehn bis zwanzig Jahre eine echte Kehrtwende schaffen.

DAS GUTE BEISPIEL CHINA

Wenn ich über Verfügbarkeitsmanagement und damit auch automatisch über staatliche Regulation rede, befürchten viele Menschen Freiheitsentzug. Das hat auch damit zu tun, dass die Menschen kaum ein Medium so sehr mit grenzenloser Freiheit und Demokratie assoziieren wie das Internet. Immer wieder bringen Journalisten große gesellschaftliche Umwälzungen wie den Arabischen Frühling mit sozialen Netzwerken wie *facebook* und *Twitter* in Verbindung. Ich bin darauf schon weiter vorne eingegangen. Die Wahrheit ist, dass nicht die sozialen Netzwerke Umwälzungen bringen, sondern große Persönlichkeiten, die die medialen Instrumente ihrer Zeit beherrschen. Nur zur Erinnerung, Baron de Montesquieu und Jean-Jacques Rousseau konnten sich als Wegbereiter der Französischen Revolution profilieren, ohne in der Früh einen Sinnspruch zu posten und am Abend ein Bild von der Köpfung eines Adeligen online zu stellen. Trotzdem glauben die Menschen, dass Websites Revolutionen anführen, und nicht Menschen.

Wir könnten uns übrigens jegliche Regulation ersparen, wenn wir die Sucht in unserem höchstpersönlichen Umfeld durch Beziehungsangebote, Wertschätzung und positive Sozialisationserfahrungen obsolet machen. Doch das ist eine Utopie. Die Diskrepanz zwischen Utopie und Realität müssen übergeordnete Instanzen wettmachen. Dennoch ist es wichtig, die Selbstwirksamkeit bei der Vermeidung von Sucht zu erwähnen. Es ist eben nicht so, dass wir ausgeliefert sind. In der Nummer 11/2012 des deutschen Wirtschaftsmagazins *brand eins* stellt der Journalist Frank Dahlmann die Frage, warum es immer noch Obdachlose gibt. Im Zuge der Recherchen sprach er mit Christine Heinrichs vom Frankfurter Verein für soziale Heimstätten.

Heinrichs und ihre Mitarbeiter hören immer wieder die gleiche Geschichte: Erst war die Frau weg, dann kam der Alkohol, dann war der Job weg, und nun ist die Wohnung in Gefahr. Die anderen sind schuld. Diese Sprachregelung, so Heinrichs, ist eine Hilfskonstruktion, um sich nicht eingestehen zu müssen: ‚Mit mir stimmt was nicht.' Die Verantwortung wird nach außen verlagert.

Diesen Eindruck kann ich aufgrund meiner Erfahrungen in der Suchtambulanz unterstreichen. Gerade am Anfang einer Suchtbehandlung höre ich immer wieder, wer alles an der Misere schuld ist. Der Süchtige selbst kommt in solchen Aufzählungen selten vor. Es ist dann Aufgabe von uns Suchttherapeuten, den Zusammenhang zwischen Selbstkontrolle und Eigenverantwortung aufzuzeigen. Ich glaube also durchaus an die Eigenverantwortung des Einzelnen. Die Eigenverantwortung des Einzelnen darf aber nicht zu einem Feigenblatt der Wirtschaft verkommen, das die Obszönitäten des Suchtmarketings diskret verdeckt.

Eigentlich ist das begrenzte Vertrauen in die Eigenverantwortung der Menschen fester Bestandteil unserer politischen Kultur. Der Gesetzgeber reguliert deshalb die unterschiedlichsten Lebensbereiche. Der städtische Parkraum ist davon ebenso betroffen wie die Hundekotentsorgung oder ein kleines Bauvorhaben. Der Gesetzgeber hält uns offenbar für überaus schutzbedürftig und setzt diese Ansicht auch gegen den heftigen Protest der Bürger durch. Wenn es aber um die Verfügbarkeit des Internets und den darin vertretenen Verhaltenssüchten geht, lässt die Durchschlagskraft merklich nach. Vielleicht müsste einmal jemand klarstellen, dass das Internet sehr wohl ein Medium ist, sich jedoch nicht jeder über das Internet transportierte Inhalt auf die »Medienfreiheit« berufen kann. Dazu bedarf es schon eines demokratischen Wertes. Den kann ein Online-Spiel wie *World of Warcraft* nicht vorweisen. Peinlicherweise ist es just die Diktatur China, die in diesem Bereich sinnvolle Maßnahmen entwickelt. In China gab es einige durch Online-Rollenspiele verursachte Todesfälle. Dass so etwas passieren kann, ist aus medizinischer Sicht absolut schlüssig. Bei

Online-Süchten verlieren die Abhängigen das Zeitgefühl. Sie verlieren sich in der Welt eines Online-Rollenspiels oder in einem sozialen Netzwerk und merken gar nicht, wie viele Stunden vergehen. Manche harren mehr als 24 Stunden aus und merken erst durch einen zufälligen Blick auf die Zeitanzeige des Smartphones, dass ein Tag ohne Essen, Trinken, Körperpflege und persönliche Kontakte vergangen ist. Das Hungergefühl ist einfach ausgelöscht, der Durst spielt keine Rolle, der Spieler nimmt nicht die Tageszeiten, nicht die Umgebung, nicht den eigenen Gestank wahr. Die Dehydration führt zur Verdickung des Bluts, die Blutzirkulation im Bein ist aufgrund des Bewegungsmangels massiv eingeschränkt. Daraus kann eine Thrombose entstehen, die eigentlich meist bei älteren Menschen mit krankhaften Blut- oder Gefäßveränderungen vorkommt. Dank des Online-Rollenspiels leidet ein junger Mensch also an Symptomen, die er eigentlich erst fünfzig Jahre später kennenlernen sollte. Irgendwann ist der Süchtige so erschöpft und ausgelaugt, dass sein Körper knapp vor dem Kollaps steht und ihn zu einer Pause zwingt. Der Spieler steht auf und beginnt, sich zu bewegen. Die Thrombose im Bein löst sich und wandert entsprechend der Blutzirkulation zur Lunge. Dort verursacht sie eine Lungenembolie, die im schlimmsten Fall zum Tod führt. Natürlich sind das Ausnahmen. Die Ausnahmen sind aber immerhin so häufig, dass sie mittlerweile dokumentiert sind. Das Phänomen gefährdet natürlich Spieler auf der ganzen Welt. Dennoch ist China die einzige mir bekannte Nation, die etwas dagegen unternommen hat. Die chinesischen Behörden haben die Firma Blizzard Entertainment kurzerhand mit einer simplen Auflage gezügelt. Die Firma musste ihr Spiel für den chinesischen Markt so umprogrammieren, dass die Spieler nur drei Stunden am Stück spielen konnten. Nach diesen drei Stunden warf sie ein automatisches Log-Out aus Azeroth. Die anschließende Log-In-Sperre hielt die Spieler mehrere Stunden von *World of Warcraft* fern. Mir ist natürlich klar, dass die Chinesen hier ihr umfangreiches Wissen aus der Internetzensur eingesetzt haben. Trotzdem müssen wir anerkennen, dass sie für diesen Bereich die beste Form der Suchtprävention gewählt haben. Denn die Dosis-Reglementierung, und nichts anderes ist die Beschränkung auf drei World-of-Warcraft-Stunden, packt das Problem an der Wurzel. Die Einschränkung der Verfügbarkeit entzieht dem Spiel die Suchtgrundlage. Sie konterkariert die Konzeption des Spiels und führt im Idealfall von der Einschränkung in die Abstinenz. Drei Stunden reichen nicht, um in der globalen 365-Tage-24-Stunden-Welt von *World of Warcraft* zu bestehen. Deshalb lassen es die Spieler oft gleich bleiben und wenden sich wieder dem wahren Leben zu.

China hat mit einer Maßnahme, die bei uns aus demokratiepolitischen Gründen kaum durchsetzbar wäre, etwas sehr Sinnvolles bewirkt. Ob wir unserer Demokratie aber langfristig wirklich etwas Gutes tun, wenn wir vor jeder Form von Reglementierung zurückschrecken, wage ich zu bezweifeln.

WIR STEUERN AUF EIN HORRORSZENARIO ZU

Wer das Ausmaß der Fehlentwicklungen noch immer nicht wahrhaben will, der sollte mit mir einen Blick in die Zukunft riskieren. In eine Zukunft, die an den Nachbeben unserer Suchtgesellschaft leidet. In diesem noch fiktiven Szenario haben wir alle die Gefahr der Online-Süchte bagatellisiert und lieber über die Chancen des berühmten Web 2.0 gesprochen als über dessen Risiken. Das Resultat dieser Schönrederei ist alarmierend.

Wir schreiben das Jahr 2030. Eine Armada von Süchtigen, die bereits im Kindes- und Jugendalter zu Junkies erzogen wurde, trifft auf eine Armada von Ahnungslosen, die keinen blassen Schimmer hat, wie sie mit dieser neuen Dimension an Suchterkrankungen umzugehen hat. Krankenanstalten sind unterdotiert, weil die Budgets der Suchtabteilungen auf Sucht als Randgruppenphänomen ausgerichtet sind. Die Schulen liefern unbeholfene Lösungsansätze, indem sie Computer und Internet noch mehr in den Unterricht einbinden, um »Medienkompetenz zu fördern« und die gesamte Schulerziehung vollends auf Avatare und Programme abzuwälzen. In den Klassen sitzen nur mehr sozial entfremdete Kids mit Haltungsschäden, die von jeder Kommunikation, die über ein SMS-Kürzel wie »LOL« oder »XOXO« hinausgeht, überfordert sind und deshalb auch die Pausen nutzen, um sich in »soziale Netzwerke« zu flüchten, anstatt das soziale Netzwerk Pausenhof zu erkunden. Die Lobbyisten sind besser bezahlt denn je, weil die Geschäftsmodelle ihrer Klienten aus der Glücksspiel-, Internet- und Homeshopping-Branche voll aufgegangen sind. Deshalb haben sie auch genügend Ressourcen, um ausgezeichnete Kontakte zur Politik zu pflegen. Die sagt: »Alles ist ganz toll. Wahnsinn, wie unsere Internetindustrie neue Geschäftsfelder erschließt und veraltete Märkte revolutioniert.« Um die von PR-Beratern und Spin-Doktoren eingeimpfte Begeisterung auch glaubwürdig zu transportieren, werden Ministerratsbeschlüsse nur mehr per *Twitter* verkündet. Wer dazu noch Fotos aus der Sitzung haben will, muss Fan der entsprechenden facebook-Seite sein. Darüber hinaus gibt es endlich die Möglichkeit, über YouTube-

Livestreams an Parlamentsdebatten teilzunehmen. Registrierte User können über Like-Buttons das Abstimmungsverhalten des Lieblingsabgeordneten mitbestimmen. Wem das zu komplex ist, der verfolgt lieber den privaten Pinterest-Fotostream eines Ministers. Kritische Fragen von Journalisten zum katastrophalen Allgemeinzustand der Gesellschaft wischen die Politiker vom Tisch, indem sie die Vorzüge eines »Hochtechnologielandes« anpreisen und stets betonen, den Entwicklungsvorsprung halten zu wollen. Die Industrie nimmt die Vorlage dankbar an. Sie will über Online-Shops allerlei Produkte verkaufen und sorgt deshalb für eine massive Querfinanzierung innerhalb der Online-Industrie, weil sie Werbeflächen auf Websites und natürlich auch Product-Placements in Spielen kauft. Die Spieleentwickler haben ebenfalls auf das Bekenntnis zum »Hochtechnologieland« reagiert und ihre Bemühungen um eine lückenlose Parallelwelt im World Wide Web intensiviert. Sie profitieren nicht nur von Abonnements und von Upgrades, die Spieler käuflich erwerben, sondern haben auch profane Konsumangebote in ihre Fantasiewelt eingebaut. Wer also mit seinem virtuellen Charakter durch die 3D-Landschaften irgendeines Online-Multiplayer-Spiels streunt, kann nicht nur ein paar Trolle abschlachten, sondern auch einen Abstecher in den Online-Supermarkt machen, wo ihn bereits eine Avatar-Kassiererin mit blecherner Stimme erwartet. Die Spielekonzerne profitieren in diesem Szenario doppelt. Sie beseitigen Störvariablen, die die Leute vom Computer weglocken könnten und kassieren Provision für jeden getätigten Kauf in einem eingebetteten Online-Shop. Normalerweise steigt zumindest die Kunst auf die Barrikaden, doch auch die ist in meinem Horrorszenario 2030 längst von den Profiteuren der Suchtgesellschaft korrumpiert. Es begann damit, dass alle, die irgendeine Idee mit »Social Media« oder »Social Gaming« hatten, als Pioniere der »Creative Industry« an der Schnittstelle zwischen Kunst und Wirtschaft abgefeiert und mit Fördermillionen überschüttet wurden. Irgendwann zogen dann die Kunstinstitutionen nach. Den Anfang machte – und das ist jetzt ausnahmsweise keine Fiktion – das renommierte Museum of Modern Art in New York, das Videospiele 2012 kurzerhand zu Kunstwerken erklärte. »Sind Videospiele Kunst?«, fragte das Museum damals. Die Antwort gaben sich die Kuratoren selbst. »Das sind sie sicher, vor allem sind sie aber Gestaltung, Design.« Wichtig seien nicht nur »visuelle Qualität und die ästhetische Erfahrung«, auch andere Qualitäten würden bei der Einstufung als Kunst zählen. Zum Beispiel die »Eleganz der Programmierung« oder die »Schaffung eines bestimmten Verhaltens des Spielers«. Damit hatte das Museum of Modern Art amtlich gemacht, dass Manipulation eine neue Kunstgattung ist. Die Künstler, die eigentlich gegen die Positionierung der Kunstinstitutionen hätten auftreten können, hielten die Füße still. Sie waren zu sehr damit beschäftigt, mit irgendwelchen Kuratoren über das Editorial im Katalog zu ihrer nächsten Ausstellung zu diskutieren. Auch die Journalisten fanden die Story ganz witzig und gaben sie als Meldung einfach eins zu eins weiter. Interessanterweise kam niemand auf die Idee zu fragen, ob es auch Kunst sei, wenn ein kleiner Dealer einen besonders kunstvollen Harlekin in eine Ecstasy-Tablette stanzt. Könnte ja sein, schließlich ist auch das »Gestaltung, Design« und dient der »Schaffung eines bestimmten Verhaltens«. 2012 fand die kritische Öffentlichkeit solche Spitzfindigkeiten noch nebensächlich. Auch deshalb stimmen im Horrorszenario 2030 Politiker, Bildungexperten, Wirtschaftstreibende und Werbefachleute in ein und denselben Chor ein.

»Liebe Eltern, sorgt dafür, dass eure Kinder schon mit drei Jahren online sind, damit sie ja keine Zukunftsentwicklung verpassen und sich in unserer digitalisierten Welt zurechtfinden.«

DIE SUCHTFAMILIEN DER SUCHTGESELLSCHAFT

Kinder dürfen nicht nur den ganzen Tag mit Computern, Tablets, Smartphones und anderen internetfähigen Technikinnovationen herumspielen – sie müssen sogar. Eines ist aber auch im Horrorszenario 2030 gleich geblieben. Die Kids haben bei neuen Technologien immer einen Know-how-Vorsprung. Die Eltern setzen sich also nur in Grundzügen damit auseinander, was ihre Kinder eigentlich den ganzen Tag mit dem Technikkram anstellen. Sie selbst sind natürlich schon viel medienkompetenter als die vorherige Generation. E-Mail, Online-Banking, Online-Booking, Online-Shopping, Online-Beratungen, Online-Jobsuche, Online-Arztkonsultation, Online-Routing, alles kein Problem. Auch Kindle, iPad und Notebooks sind längst keine Besonderheit mehr. Was genau die ganz Jungen aber rund um die Uhr auf ihren mobilen Endgeräten tun, ist auch den Eltern der Junkies nicht ganz klar. Wird schon passen, schließlich gehört der ganze Online-Boom laut allen Experten zum kleinen Einmaleins der Wettbewerbsfähigkeit. Der 40-jährige Papa weiß also gar nicht, dass sein 12-jähriger Sohn auf einer ultradünnen 20er-Version des iPads 3D-Pornos schaut, bei denen er dank stufenloser Zoomfunktion mit wenigen Touchscreen-Berührungen in die Geschlechtsteile der Darstellerinnen vergrößern kann. Parallel dazu spielt er auf dem Laptop eine World of Warcraft-Mission und stimmt sich via Chatkürzel mit den Mitspielern ab. Den Typ mit dem World-of-Warcraft-Pseudonym »TotalKiller« hat der Sohn noch nie gesehen, er ist aber sein »bester Freund«, mit dem man immer wieder mal ein paar vertrauensvolle Smileys oder Emoticons teilen kann. Gemeinsam frönen die beiden auch ihrem neusten Hobby, nämlich dem Platzieren von World-of-Warcraft-Wetten. Im Jahr 2030 gibt es längst ganz große Stars der Online-Multiplayer-Spiele-Szene, die sich, so wie früher Sport- oder Rockstars, von Managern vertreten und professionell vermarkten lassen. Diese Stars sind Werbetestimonials für verschiedenste Produkte, zum Beispiel für Hämorrhoiden-Salben, mit denen ein Spieler angeblich tagelang auf ein und demselben Stuhl sitzen kann, ohne Beschwerden zu bekommen, oder für spezielle Kontaktlinsen, mit denen die Augen vom vielen Auf-den-Bildschirm-Glotzen nicht austrocknen, oder aber für Energy Drinks mit der Wirkung von vierzig Espressi, die einen Spieler drei Tage am Stück wachhalten. Die Missionen dieser Starspieler übertragen eigene Pay-Online-Channels ins Internet. Die Fangemeinde kann dann Live-Wetten auf den Spielverlauf abgeben oder im verlinkten Online-Store Merchandising wie Bildschirmschoner, Ringtones oder facebook-Profil-Banner kaufen. Wenn sich der Sohn und sein Kumpel »TotalKiller« mal von *World of Warcraft* und Pornos losreißen, dann nur für eine Online-Übertragung von einer World-of-Warcraft-Mission. Die Abrechnung erfolgt über ein PayPal-Konto, das die Eltern für den Erwerb von Lern- und Erziehungssoftware angelegt haben.

Immerhin hat der Sohn nur einen »besten Freund«, während die sechzehnjährige Tochter bereits bei 1.453 »besten Freunden« angekommen ist, die ihr Leben via facebook-Stream verfolgen. Die Profilfunktionen des Social Networks haben sich mittlerweile so verbessert, dass die Tochter keine Bedürfnisse hat. Noch ehe ein Bedürfnis entstehen kann, zeigt die Werbung auf *facebook* nämlich schon ein Produkt an, nach dem sie sich sehnen würde, käme nicht die vorzeitige Bedürfnisbefriedigung durch ein simples One-Klick-Shopping-System dazwischen. Manchmal geht die Tochter auf reale Partys, zu denen sie irgendein facebook-Freund über die Veranstaltungsfunktion eingeladen hat. Über die Ortungsfunktion des Smartphones erkennt sie, dass auf dem Weg zur Party mindestens drei Geschäfte liegen, wo es coole Klamotten, trendige Gadgets und Kosmetikartikel gibt. Bei der Party selbst ist sie dann doch lieber online bei ihren virtuellen Freunden, weil ein Gespräch mit den anwesenden Jungs eher eintönig ist. Die jungen Herren haben sich die Anmachsprüche ihrer männlichen Porno-Idole nämlich zu sehr zu Herzen genommen und scheitern nun an den einfachsten Grundregeln des Smalltalks. Immerhin hat sich die Tochter über das Ortungsnetzwerk *foursquare* in das Haus der Gastgeberin eingecheckt und kann so sehen, dass eine ihrer facebook-Freundinnen ebenfalls vor Ort ist. Nach kurzem Chatkontakt finden die beiden zusammen, haben sich aber eigentlich nichts zu sagen. Also verziehen sie sich in separate Ecken und sharen Fotos von der Party auf der Pinnwand der jeweils anderen. Die Ehefrau des 40-Jährigen und Mutter seiner beiden Kinder kann auch nicht regulierend eingreifen. Sie ist von früh bis spät damit beschäftigt, als selbstständige Anlageberaterin Finanzprodukte an Menschen aus dem Mittelstand zu verkaufen. Dabei kann sie auf ein Portfolio zurückgreifen, das längst nicht mehr Prospekte, sondern ganze Festplatten füllt. Manchmal schmunzelt die Frau über ihre Eltern, die zwanzig Jahre zuvor bei der großen Wirtschaftskrise über die »Verbrecher aus der Hochfinanz« geschimpft haben, weil einer dieser Verbrecher den sicheren Bausparvertrag in ein angeblich ebenso sicheres Derivat-Produkt umgeleitet und damit alles verloren hatte. In Büchern hat sie außerdem von der sogenannten »Dotcom-Blase« gelesen, die die gesamte Internetbranche in eine fundamentale Krise gestürzt hatte. Für die Frau sind solche Negativausreißer aus der Vergangenheit egal. Den Großteil ihres Geschäfts macht sie mit Kurs- und Rohstoffwetten, die sie unter schönen Oberbegriffen wie »Termingeschäft« oder »Swaps« unters Volk bringt. Konservativen Anlegern verkauft sie auch sogenannte »Strukturierte Produkte«, bei denen sie Aktien und Devisen mit Derivaten kombiniert. Produkte wie Lebensversicherungen, Pensionsvorsorgen und Bausparverträge hat die Frau längst in den hintersten Ordner ihrer prallvollen Festplatte verbannt. Die meisten Kunden aus dem Mittelstand finden so etwas langweilig und suchen auch bei Finanzangelegenheiten einen ordentlichen Kick. »Unser Business funktioniert heutzutage wie ein Online-Casino«, hatte ihr ein Coach beim Online-Lehrgang zum zertifizierten Finanzberater mal gesagt. Das hat sich die Frau stets zu Herzen genommen. Deshalb hat sie auch gemeinsam mit ein paar jungen Programmierern eine plattformunabhängige Live-Ticker-App entwickelt, die ihre Kunden einmal pro Stunde über die aktuelle Entwicklung des Investments informiert. Die Info können die selbsternannten Investoren dann über *facebook* oder *Twitter* teilen. Über eine eigene Like-Funktion sendet die Community Anfeuerungsrufe. Ab und an bekommt die Frau eine empörte

Rückmeldung von einem Kunden, der sein ganzes Geld verloren hat. Ein schlechtes Gewissen hat sie trotzdem nicht. Die meisten ihrer Kunden hat sie niemals gesehen. Ihre Beratungen wickelt sie hauptsächlich über E-Mail oder Skype ab. Dementsprechend fremd sind ihr die zerstörten Existenzen, die sich mit einer bitterbösen Nachricht beschweren.

DIE KAPITULATION DER POLITIK

Das Familienleben, wie ich es eben beschrieben habe, ist kein Einzelfall. Im Gegenteil, im Horrorszenario 2030 sieht so die Normalität aus. Trotzdem verweigert die Politik jegliche Einschränkung, weil sonst sämtliche Ministeriums-Seiten von irgendwelchen Hackern lahmgelegt werden würden. Die Hacker hätten für ihren Sabotageakt auch gleich die passende Begründung parat. Die Beschneidung der Internetrechte sei ein Verstoß gegen die Meinungsfreiheit und damit ein direkter Angriff auf die Demokratie. Dass es ja auch kein Angriff auf die Demokratie war, als die Politik rund ein Vierteljahrhundert zuvor die Zigarettenwerbung verbat, interessiert keinen. Das Internet ist ein Medium und damit im Sinne der Medienfreiheit unantastbar. Zumindest haben die PR-, Lobbying- und Werbeagenturen der Wirtschaft genau das im öffentlichen Diskurs etabliert. »Agenda Setting« haben sie das in ihren Powerpoint-Präsentationen genannt, die längst von holografischen 3D-Präsentationen abgelöst wurden. Nun, im Jahr 2030, muss sich kein Konzernboss mehr auf solche Grundsatzdebatten einlassen. Die Suchterziehung hat den innersten Kern des sozialen Gefüges erreicht. Die Konsumenten sind längst zu selbstständigen Botschaftern der Internet-, Glücksspiel- und Konsumgüterindustrie geworden, die die Interessen ihrer Dealer vertreten, um ja nicht den Zugang zum Stoff zu verlieren. Dabei hat sich die Selbstlüge des süchtigen Individuums in eine kollektive Scheinwahrheit verwandelt. Niemand spricht mehr über Sucht und soziale Verwahrlosung, alle reden über Freiheit und die Selbstverantwortung des Einzelnen. Das haben Konzerne wie Blizzard Entertainment und *facebook* genutzt, um eine endgültige Pulverisierung jeglicher Altersbeschränkungen durchzusetzen.

»Eine Altersbeschränkung ist anachronistisch«, sagen die Top-Manager der Internetkonzerne. Sie haben sich bereits 2020 zu einer Interessengemeinschaft zusammengeschlossen, die für ein schrankenfreies Internet plädiert. »Unsere Kinder sind mit dem Internet und den Online-Angeboten aufgewachsen. Die kennen sich besser aus als die Erwachsenen, die ihnen sagen wollen, wo es im Internet langgeht«, lautet das Argument der Internetlobby. Das Argument ist richtig. Die Erwachsenen, die eigentlich sagen sollten, »wo es langgeht«, haben die Deutungshoheit abgegeben. Das hat den unangenehmen Nebeneffekt, dass die Argumente der Internet-, Konsum- und Spiele-Lobby kaum widerlegbar sind. Theoretisch wissen Eltern, dass Poker ein Glücksspiel ist. Aber ist es das noch immer, wenn der Weg zum Pokertisch über ein angesehenes Social Network führt? Sind genau diese Social Networks nicht auch ideal dafür geeignet, sich über Hausübungen auszutauschen? Und was soll so schlimm daran sein, wenn ein Kind online shoppt? Schließlich erspart man sich dadurch einen zusätzlichen Weg.

Die Eltern sind im Horrorszenario 2030 mundtot, weil sie zum einen ahnungslos und zum anderen mit ihren eigenen Verhaltenssüchten beschäftigt sind. Nur ein paar Wissenschaftler mucken hier und da auf. Schafft es einer dieser »Gehirnakrobaten«, so werden die kritischen Experten bei Vorstandssitzungen genannt, in den Beraterstab eines hochrangigen Politikers zu kommen, wissen die Konzerne, wie sie den Feind zum Schweigen bringen. Sie verweisen einfach auf ihre erbrachten Steuerleistungen im abgelaufenen Geschäftsjahr und denken laut über die Verlegung des Firmenhauptsitzes in ein pazifisches Steuerparadies nach. Diese Strategie hat sich in den vergangenen dreißig Jahren bewährt und ist auch noch im Horrorszenario 2030 voll im Trend.

DIE BEZIEHUNGSUNFÄHIGE GESELLSCHAFT

Die Umwälzungen im gesellschaftlichen Leben – das sterile Familienleben, die Skrupellosigkeit der Wirtschaft, die Hilflosigkeit des Gesundheits- und Sozialapparates, die Fehleinschätzungen des Bildungssystems, die Feigheit der politischen Kaste – all das ist Synonym für die totale Beziehungslosigkeit, die die Suchtgesellschaft kennzeichnet. Weil alle nur mehr mit Spielen, Shoppen und dem Internet beschäftigt sind und diese Tätigkeiten aufgrund ihrer biochemischen Wirkung im Belohnungszentrum direkt ins Hamsterrad der Suchtbefriedigung führen, haben die Menschen den Bezug zu Beziehungen verloren. Im Horrorszenario 2030 kennen die Menschen weder ihre Freunde noch ihre Kollegen noch ihren Arbeitgeber persönlich. Jeder Mensch ist nur so interessant wie sein Profilbild und die 140 Zeichen lange Kurzinformation, die ihn als »Microblogger« charakterisiert. Der Geist der beziehungslosen Gesellschaft infiziert auch die kleinste soziale Einheit des Gefüges, nämlich die Familie. Dort wachsen Kinder beziehungslos auf, was eine fatale Wende hin zur beziehungsunfähigen Gesellschaft einleitet. Die Sucht ist der Motor dieser Abwärtsspirale. Ursprünglich entsprang sie der Suche nach Beziehung. Weil die Sucht dabei aber allem, was zu Beziehungen führen konnte, im Weg stand, wurde sie zum gefährlichen Selbstzweck. Im Horrorszenario 2030 erreicht dieses Missverständnis seinen vorläufigen Höhepunkt. Die beziehungslose Gesellschaft beinhaltet immerhin noch die Möglichkeit, in die Geborgenheit einer Beziehung zurückzukehren. Ist die Grenze zur Beziehungsunfähigkeit aber einmal überschritten, gibt es kein Zurück mehr. In der Familie, wie ich sie für anno 2030 beschrieben habe, gibt es kaum noch Möglichkeiten, Beziehungsfähigkeit zu lernen. Das Modell, an dem sich alles orientiert, ist von Beziehungslosigkeit geprägt. Was bleibt den Kindern also anderes übrig, als beziehungsunfähig zu sein? Man stelle sich vor, ein Kind soll die Sprache eines indigenen Volkes lernen, das im tiefsten Dschungel von Papua-Neuguinea lebt, und zwar ohne die Sprache je gehört zu haben, ohne einen Menschen zu kennen, der die Sprache spricht, ohne irgendwelche Lernmaterialien zu besitzen, und ohne die Möglichkeit zu haben, die Sprache je vor Ort zu studieren. Es braucht keine akademische Ausbildung, um zu erkennen, dass ein solches Ansinnen zum Scheitern verurteilt ist. Das Kind wird niemals die Fähigkeit erlangen, die Sprache zu sprechen. Dasselbe Prinzip gilt für die Entwicklung von Beziehungsfähigkeit. Wenn es im sozialen Koordinatensystem eines Kindes keine Anhaltspunkte gibt, wie Beziehungen funktionieren, verwandelt sich Beziehungslosigkeit in Beziehungsunfähigkeit. Der Unterschied zwischen einem beziehungslosen und dem beziehungsunfähigen Menschen liegt in seiner Wirksamkeit auf kommende Generationen. Der Beziehungsunfähige markiert einen »Point of no return«. Er kann nichts weitergeben, was er selbst niemals gelernt hat. Warum vertiefe ich mich so in diese begrifflichen Details? Ganz einfach, weil ich in meinem Horrorszenario 2030 jenen Punkt sehe, an dem die Auswirkungen der Suchtgesellschaft irreversibel sind.

Die Menschen besuchen zwar noch hie und da Orte, an denen sie auf andere Menschen treffen. Solche Treffen sind aber von kollektiver Befremdung geprägt, die unweigerlich zu einem Rückzug in die Welt der unverbindlichen Pseudo-Online-Beziehungen führt.

Wir dürfen nicht glauben, dass das Horrorszenario 2030 nur von sozialen Katastrophen geprägt ist. Die Symptome der Suchtgesellschaft spiegeln sich auch in der Körperlichkeit der Menschen wider. Die beziehungsunfähige Gesellschaft ist gleichzeitig eine Krüppelgesellschaft, die sich aus Fettleibigen, Herzschwachen, Diabetikern, Mangelernährten, Buckeligen und Halbblinden rekrutiert. Für keine der weitverbreiteten Verhaltenssüchte ist mehr ein Ausflug in die reale Welt notwendig. Die Leute arbeiten, zocken, kommunizieren, shoppen, entspannen, spielen und informieren sich vor dem Computer. Das gilt für Kinder gleichermaßen wie für Erwachsene. Auch hier markiert das Horrorszenario 2030 einen

Wendepunkt. Die Verhaltenssüchte machen nicht nur körperlich gesunde Menschen krank. Sie klinken sich schon so früh in die Entwicklung junger Menschen ein, dass ein gesundes Leben gar nicht mehr möglich ist. Die Kinder der Suchtgesellschaft werden also nicht körperlich krank, sie sind es von Grund auf, weil Sport und Bewegung im Freien nicht mehr zur gängigen Kulturpraxis zählen.

In der Suchtgesellschaft entfaltet sich eine äußerst destruktive Wechselwirkung zwischen Psyche und Körper. Ist der Körper kaputt, kann auch die Seele nicht richtig funktionieren. Umgekehrt hat eine kaputte Psyche auch massive Auswirkungen auf den Körper.

Bevor meine Leser nun denken, mein Horrorszenario 2030 verleitet mich zu esoterischen Weisheiten über die heilende Kraft des Geistes, möchte ich eine ganz einfache Erklärung für die Verbindung zwischen Psyche und Körper liefern. Psyche und Körper sind eigentlich ein und dasselbe. Wenn ich von der Psyche rede, meine ich nicht einen religiösen Seelenbegriff, sondern ich meine das Gehirn, also jenen Teil des Körpers, der für die Psyche ausschlaggebend ist. Da wir Mediziner nicht einmal genau sagen können, wo das Hirn aufhört und der »Restkörper« anfängt, wäre es absurd, Psyche und Körper als getrennte Phänomene zu behandeln. Die pathologischen Folgen der Suchtgesellschaft führen uns das vor Augen. Die Opfer von Verhaltenssüchten sind psychisch und physisch krank. Eigentlich sind sie aber einfach nur kranke Menschen, bei denen Körper und Geist eine dysfunktionale Einheit bilden.

DER NEUE KOLONIALISMUS

Im Horrorszenario 2030 versinkt nicht die ganze Welt im Chaos. In erster Linie versinkt die Wohlstandsgesellschaft im Chaos, die sich als sogenannte »Erste Welt« immer am Olymp der gesellschaftlichen Evolution gesehen hat. Nun, da die beziehungsunfähige Suchtgesellschaft in virtuellen und realen Shopping Malls, Computerspielen, Online-Casinos und sozialen Netzwerken vor sich hin kränkelt, ziehen die früheren Entwicklungsländer an den ehemaligen Wirtschaftsmächten vorbei. Die Dritte Welt wird zur Ersten Welt der 2030er-Jahre. Ihre Bewohner sind geistig und körperlich gesünder, weil sie der Kampf ums Überleben und die gönnerhafte Ignoranz der industriellen Supermächte zusammengeschweißt und deshalb besonders beziehungsfähig gemacht hat. Der afrikanische Kontinent, zur Jahrtausendwende von humanitären Katastrophen gebeutelt, erlebt eine Phase der Konsolidierung. Dabei kommt »Mother Africa« die Eindimensionalität der westlichen Wirtschaftshemisphäre zugute, in deren Windschatten sie ungestört eine neue Form von kollektivem Selbstbewusstsein entwickeln konnte. Alles hat nach Osten, zu den Wundernationen Südkorea und Japan, geblickt. Dort sorgte eine technologisierte Hochleistungsgesellschaft für einen gigantischen Boom, die den Managern in den obersten Führungszirkeln den Angstschweiß auf die Stirn trieb. Der Aufschwung des asiatischen Raums war das ökonomische Damoklesschwert über der westlichen Welt. Deshalb übersiedelten zahlreiche Unternehmen nach Asien, um »wettbewerbsfähig« zu bleiben. »Wettbewerbsfähig« hieß maximale Technologisierung bei minimalen Sozialstandards und Niedriglöhnen. Das kam der westlichen Gesellschaft wie ein gesundes und nachhaltiges Wachstumsmodell vor. Nach »unten«, auf den viel näher gelegenen Kontinent Afrika, blickten die Nachrichtenredaktionen nur, wenn wieder einmal eine Hungerkatastrophe oder ein grausamer Bürgerkrieg wütete. Angst vor Afrika? Keine Spur. Afrika durfte höchstens als Empfänger von Entwicklungshilfe, als Rohstofflieferant und potentieller Zukunftsmarkt mitplaudern. Im Horrorszenario 2030 beginnt eine bahnbrechende Erkenntnis zu greifen. Ja, die »Erste Welt« muss sich vor dem Aufschwung anderer Wirtschaftsräume fürchten. Die Bedrohung kommt aber nicht aus Japan, auch nicht aus den Tigerstaaten Südkorea, Taiwan oder Hongkong. Diese

Nationen, die sich mit technischer Hochrüstung zu vermeintlichen Vorbildökonomien entwickelt hatten, zahlten bereits in den 2020er-Jahren den Preis der Beziehungslosigkeit. Durch immer komplexere Automatisierungsprozesse blieb den dortigen Spitzenmanagern verborgen, dass 60-Stunden-Wochen ohne freien Tag, ohne faire Urlaubsansprüche, ohne angemesse Bezahlung und ohne durchdachte Sozialleistungen nur kurzfristig eine leistungsfähigere Gesellschaft hervorbringen. Langfristig mündete die entmenschlichte Technologie- und Wachstumshörigkeit in einem zutiefst kranken Gesellschaftssystem mit kaputten Familien und exorbitanten Selbstmordraten. Die Kinder des Systems galten als Profiteure eines Wirtschaftswunders »made in Asia«, dem die ganze Welt nacheiferte. Was kaum ein Wirtschaftsforscher aussprach: Die Welt eiferte damit einer jungen Suchtgesellschaft nach, die zwischen den Früchten des Wirtschaftswachstums und einer beziehungsunfähigen Gesellschaft aufgerieben wurde. Auf diese Weise entwickelten sich Japan und Südkorea von der Technologie- zur Suchtavantgarde. Von dort erreichten die Welt Anfang des Dritten Jahrtausends die ersten Meldungen, dass internetsüchtige Spiele-Junkies der »Todesursache Computerspiel« erlegen seien. Bereits 2009 berichtete die Journalistin Miriam Rossius für das Deutschlandradio aus Südkorea.

Schlagzeilen gemacht hat ein 38-jähriger Mann, der zwanzig Tage vor dem PC gehockt hat. Er hat sich in dieser Zeit nur von Nudelsuppe aus der Tüte ernährt. Er ist nicht verdurstet, sondern er ist letztlich an Erschöpfung gestorben, an Mangel an Sauerstoff, Bewegung und natürlich Mangel an Schlaf. Es gab den Fall eines anderen jungen Mannes, der hat fünfzig Stunden ununterbrochen gespielt, soll in dieser Zeit wohl tatsächlich weder gegessen noch getrunken haben und ist dann irgendwann komplett dehydriert vom Stuhl gekippt. Es gab aber auch einzelne Fälle, da haben Jugendliche Selbstmord begangen, weil sie ausgeschlossen wurden von Onlinespielen. Die Sucht in Korea ist gewaltig. Studien gehen davon aus, dass etwa vierzehn Prozent der Jugendlichen abhängig sind. Doppelt so viele werden als gefährdet eingestuft.

Derartige Beobachtungen hinderten die westliche Welt nicht daran, sich vor dem asiatischen Wirtschaftsraum zu fürchten. Dass sie sich damit vor genau jenen Menschen fürchtete, die einen zwanzigtägigen Computermarathon spannender fanden als ein befruchtendes Gespräch mit einem Gleichaltrigen, sprach sich nicht herum. Im Horrorszenario 2030 sind beide Gesellschaftssysteme am Boden. Der hart erarbeitete Wohlstand ist nur mehr Futter für die Verhaltenssüchte der beziehungsunfähigen Masse.

Jene, die das Desaster ablesen können, zum Beispiel anhand explodierender Gesundheitsausgaben, katastrophaler Bildungsdaten, steigender Pro-Kopf-Verschuldung, oder sozialer Unruhen, entwickeln eine neue Form von Kolonialismus. Dabei geht es nicht um die Ausbeutung von Bodenschätzen, es geht auch nicht um die Anwerbung von gut ausgebildeten Fachkräften. Die Bedürfnisse der suchtgebeutelten Gesellschaft sind wesentlich elementarer. Im Jahr 2030 planen Experten die Ausbeutung von Beziehungsfähigkeit. Die finden die Experten zum Beispiel im afrikanischen Raum. Dort haben die Menschen für technologische Rückständigkeit und Armut einen hohen Preis bezahlt. Im Jahr 2030 weiß die Welt aber aus bitterer Erfahrung, dass modernste Infrastruktur, Komfort und technischer Fortschritt nur einen Bruchteil des Wohlstands ausmachen, der eine Gesellschaft am Laufen hält. Es geht auch um sozialen Zusammenhalt wie wir ihn aus afrikanischen Townships kennen, oder um die Rückbesinnung auf das Rudel als überlebensnotwendige Institution, wie das die San oder die Koi Koi im Süden Afrikas vormachen. Vor diesem Geist fürchtet sich die dysfunktionale Gesellschaft des Jahres 2030. Deshalb zapft sie ihn an.

Die von Verhaltenssüchten gebeutelte Erste Welt hat die besten Krankenhäuser, die renommiertesten Universitäten, die ausgeklügelsten Sozialsysteme, die stabilsten Demokratien, die reibungsloseste Verwaltung und die ultimative Vernetzung. Bloß, dass das allen egal ist, weil niemand mehr daran interessiert ist, sich in das gesellschaftliche Gefüge einzubringen. Zwar suchen alle nach Beziehung. Da aber das Gros der Menschen aufgrund der allgemeinen Beziehungsunfähigkeit nicht mehr weiß, was Beziehung überhaupt ist, gibt sich jeder mit den Dopaminkicks aus Konsumhandlungen, Glücksspielen und pseudosozialen Beziehungen zufrieden. Jegliche Möglichkeit der gesunden Kontrolle ist aufgrund der kollektiven Inkompetenz in sozialen Fragen ausgeschaltet.

Die Gastarbeiter des Jahres 2030, die im Zuge des Beziehungskolonialismus in die ehemals »Erste« Welt kommen, sind keine Ingenieure, Ärzte oder Programmierer. Bei den vorwiegend afrikanischen Immigranten handelt es sich in erster Linie um beziehungsfähige Menschen, die fundamentales Interesse daran haben, an eine Gesellschaft anzudocken und sie durch persönliche Fähigkeiten zu bereichern. Fachliche Kompetenzen können diese Menschen dann auf unseren Universitäten und Fachhochschulen lernen. Plätze sind genügend frei. Die Studenten, für die die Infrastruktur eigentlich geschaffen wurde, sitzen 2030 nämlich nicht in einem Hörsaal mit Computerarbeitsplatz und basteln an irgendeiner Präsentation für ein Seminar. Sie sitzen zu Hause, um in einem ultraschnellen WLAN ein Multiplayer-Online-Game zu spielen, eine Pokerpartie zu bestreiten oder einen Online-Shop leerzukaufen.

DAS ENDE DER PRODUKTIVITÄT

In meinem Horrorszenario 2030 muss die Menschheit eine harte Lektion lernen. Produktivität in ihren unterschiedlichsten Ausprägungen ist der Motor einer Gesellschaft. Produktivität führt nämlich dazu, dass Menschen materielle und ideelle Produkte hervorbringen. Produktivität betrifft demzufolge jeden Lebensbereich. Sie ist bedeutsam für den Staat, für die Wirtschaft, für die Familie, für ein Unternehmen, für das Sozialwesen, für den Gesundheitsapparat, für den Bildungssektor, für die Wissenschaft, für das kulturelle Geschehen, ja sogar für eine Paarbeziehung.

Beziehungen motivieren uns zur Tat, sie sind der Antrieb, warum ein Mensch überhaupt produktiv sein will. Indem er produktiv ist, stiftet er neue und vertieft bestehende Beziehungen. Verhaltenssüchte radieren die Beziehungsebene aus, indem sie uns Pseudobeziehungen mit Konsumgütern, virtuellen Freunden und Spiele-Avataren schmackhaft machen. Dem kurzfristigen Profit kann das durchaus dienen. Das Problem ist nur, dass die Produktivitätsgleichung mit Pseudobeziehungen nicht mehr funktioniert. Das Horrorszenario 2030 ist ein Vorgeschmack auf eine Suchtgesellschaft, die sich ihrer eigenen Überlebensgrundlage beraubt. Die ursprünglichste Form von Produktivität ist nämlich Fortpflanzung.

WARUM WIR DIE VERHALTENSSÜCHTE NACH WIE VOR BESIEGEN KÖNNEN

Das hier ist keine Wellness-Fibel für einen gesünderen Lifestyle nach dem Motto »In zehn Tagen frei von Verhaltenssüchten«. Das Problem, um das es hier geht, ist leider von viel größerer Komplexität.

Die erste unbequeme Erkenntnis lautet:

In jedem von uns steckt ein Junkie. Dafür sorgen allein schon die biochemischen Prozesse im Belohnungszentrum.

Die zweite unbequeme Erkenntnis lautet:

Dass in jedem von uns ein Junkie steckt, hat für die Wirtschaft leider einen ganz konkreten Nutzen. Der kritische Konsument kann zu einem Suchtgetriebenen ohne Konsumkontrolle umerzogen werden.

Die dritte unbequeme Erkenntnis lautet:

Die Wirtschaft hat das längst erkannt und investiert deshalb massiv in die Stimulation von Kontrollverlust beim Spielen, Kaufen und Internetsurfen. Dabei hat sie es besonders auf Kinder und Jugendliche abgesehen, um das Suchtverhalten möglichst nachhaltig in unser aller Leben zu verankern.

Die vierte unbequeme Erkenntnis lautet:

Verhaltenssüchte bedienen besonders schnell und unkompliziert die zutiefst menschliche Suche nach Beziehung. Das macht sie so verlockend und begründet ihre enorme soziale Störkraft.

Die fünfte unbequeme Erkenntnis lautet:

Den Verhaltenssüchten ist es aus verschiedenen Gründen gelungen, ihren Siegeszug abseits des öffentlichen Diskurses anzutreten. Deshalb steuern wir auf ein gesellschaftliches Horrorszenario zu, ohne dass sich jemand wirklich beschwert.

VOM HORROR- ZUM RETTUNGSSZENARIO

Der eingeschlagene Kurs gibt Anlass zur Sorge. Wir shoppen, surfen und spielen uns in ein existenzielles Dilemma, das sich eigentlich ganz leicht im Keim ersticken ließe, wenn wir zwischenmenschliche Beziehungen in den Mittelpunkt unseres Strebens stellen würden. Womit wir schon einen wertvollen Ansatzpunkt hätten, wie wir Sucht in unserem höchstpersönlichen Lebensbereich bekämpfen können. Wir müssen in Beziehung treten, in Beziehung bleiben, Beziehungsangebote annehmen. Das tun wir, indem wir Menschen und dem persönlichen Kontakt zu ihnen immer den Vorzug gegenüber Produkten, Entertainmentangeboten und abstrakten Sozialkontakten in Online-Netzwerken und Multiplayer-Games geben. Diese Prioritätensetzung betrifft vor allem das unmittelbare soziale Umfeld, das sich aus realen Freunden und Familienmitgliedern rekrutiert. Was genau ich damit meine, kann ich an ein paar konkreten Beispielen festmachen.

Beispiel eins. Wenn ein Mensch abwägt, ob er 600 Euro für das neueste Computer-Tablet oder für einen Kurzurlaub mit der Familie ausgeben soll, rate ich zum Kurzurlaub. Der Dopaminkick beim Kauf eines Hightech-Gerätes mag zwar für den Moment intensiver ausfallen, dafür führt die soziale Geborgenheit der Familie zu einem stabilen Dopaminspiegel, von dem alle Familienmitglieder im Alltag zehren, weil er eine Form von nachhaltigem Glück etabliert. An dieser Stelle möchte ich noch eine Beobachtung aus meiner ärztlichen Praxis teilen. Vermehrt höre ich von Eltern, denen ich mehr soziale Interaktion mit ihren suchtgefährdeten Kindern empfehle, wie teuer gemeinsame Familienaktivitäten seien. Die Eintritte in Zoo, Museum und Schwimmbad seien überzogen, das Urlaubmachen ein regelrechtes Luxusvergnügen und ein Tagesausflug in die Natur wegen der Benzinpreise nahezu unbezahlbar. Wenn es dann daran geht, einen neuen Termin zu vereinbaren, ziehen dieselben Eltern das neueste iPhone aus der Tasche, das sie exklusive den monatlichen Ausgaben für einen extrem umfangreichen Handytarif mehrere hundert Euro gekostet hat. Wenn ich im Rahmen der Folgegespräche andeute, dass es zugunsten beziehungsförderlicher Aktivitäten Sparpotential in anderen Bereichen gäbe, zum Beispiel bei Unterhaltungselektronik, sehen mich die Eltern wie einen Außerirdischen an. Gadgets wie das teure Smartphone nehmen sie als so fundamentale Bestandteile ihres Lebens wahr, dass sich mein Vorschlag für sie so anhört, als würde ich nahelegen, auf das tägliche Zähneputzen zu verzichten. Ich behaupte aber, dass wir auch ohne solche technischen Gimmicks leben können. Erst recht, wenn wir damit eine gesunde Beziehung zu anderen Menschen fördern.

Beispiel zwei. Leidet ein Mensch an Einsamkeit und sehnt sich nach einer Beziehung, wäre es ratsam, nicht auf die Heilsversprechen von Online-Partnerbörsen reinzufallen. Lieber sollte er sich darauf konzentrieren, den emotionalen Frust in einen sozialen Antrieb zu verwandeln. Auch hier gilt, dass der virtuelle Weg das Belohnungszentrum vielleicht unmittelbarer befriedigt, weil fünf E-Mails von potentiellen Interessenten die Anziehungskraft meines wahrscheinlich geschönten Profils belegen. Aus Erfahrung mit Online-Süchten kann ich aber sagen, dass auf fünf E-Mails meistens ebenso viele Enttäuschungen folgen. Ein nachhaltiges Glücksgefühl stellt sich viel eher dann ein, wenn ein Mensch Defizite, die die Partnersuche bisher erschwert haben, bewusst ausmerzt und sich immer wieder in realen Situationen erprobt, bis er schließlich Erfolg hat. Das »echte« Beziehungsangebot stellt das »virtuelle« bei weitem in den Schatten.

Beispiel drei. Gibt es berufsbedingt Lücken in der Betreuung von Kindern, sind alternative soziale Angebote immer höher zu bewerten als technische Infrastruktur, mit der sich ein Kind oder ein Jugendlicher »selbst beschäftigen« kann. Selbstbeschäftigung heißt in diesem Fall nämlich meistens Rückzug aus der realen Welt und Flucht in ein virtuelles Paralleluniversum, wo facebook-Freunde und World-of-Warcraft-Kumpanen mehr zählen als Schulkollegen und Gleichaltrige aus dem Sportverein. Es ist also keine Schande, wenn Eltern berufsbedingt auf ganztägige Kinderbetreuung umstellen müssen. Die Betonung liegt aber auf »Betreuung«, die immer auch Einbettung in soziale Beziehungen bedeutet. »Betreuung«

bieten zum Beispiel andere Familienangehörige, Horte, Tagesmütter, Sportvereine und Jugendklubs. Keine Betreuung bieten *facebook*, *Twitter*, Computerspiele, Internetpornos und Online-Entertainment-Angebote von Poker über Wetten bis hin zu Casinospielen. Ebenfalls keine Betreuung bieten Einkaufsstraßen und Shoppingcenter, in denen gelangweilte Kids ziellos herumirren, den Blick stets auf das aufgedrehte Smartphone gerichtet, weil dort dank Ortungsapplikation die besten Angebote in unmittelbarer Umgebung aufscheinen.

Beispiel vier. Wenn eine Schulgemeinschaft im Rahmen der ökonomischen Autonomie darüber diskutiert, trotz chronischer Geldknappheit neue Computerarbeitsplätze inklusive Lizenzen für alle gängigen Office- und Grafikanwendungen einzurichten, weil man sonst Gefahr laufen würde, im Schul-Ranking irgendeiner Info-Illustrierten abzustürzen, sollte sie sich eine kurze Nachdenkpause gönnen, um neue pädagogische Ziele zu definieren. Es sind nämlich genau diese Diskussionen, die dazu geführt haben, dass sich die Bildungsinstitution Schule in ein Marketingschlachtfeld verwandelt hat. Um publikumswirksame Anschaffungen tätigen zu können, verkaufen die Schulen Werbeflächen. Im Turnsaal hängen dann Werbeplanen für das Jugendkonto einer großen Bank, auf Displays können jugendaffine Marken ihre Produkte anpreisen, im Klo hängen Postkarten mit coolen Marketingsujets und im Mitteilungsheft stehen nicht nur Schelten des Lehrers, sondern auch Werbebotschaften. Derartige Werbeformen sind bereits so etabliert, dass sich eigene Vermarktungsagenturen in Position gebracht haben. In Deutschland gibt es zum Beispiel die Deutsche Schulmarketing Agentur, die sich damit rühmt, eine Zielgruppe anzusprechen, die »über ein frei verfügbares Einkommen in Höhe eines zweistelligen Milliardenbetrags« verfügt. In Österreich operiert die Agentur Young Enterprises, deren Bereichsleiter für Schul- und Uniwerbung in einem Interview unverhohlen zu Protokoll gibt, Spielzeughersteller, Nahrungsmittelmarken und Zahnpastahersteller zu vertreten und im Zuge dessen auch »Themenunterricht« zu verkaufen. Das sieht dann zum Beispiel so aus, dass eine Klasse über Katzen spricht und nebenbei in einen Malwettbewerb »powered by Whiskas« involviert ist. Wenn ich so etwas lese, weiß ich ziemlich genau, woher die immer jüngeren Verhaltenssüchtigen in der Suchtambulanz der Landesnervenklinik Wagner-Jauregg kommen. Diese Praxis der werblichen Jugendbespaßung ist unethisch, unpädagogisch und hochgradig suchtfördernd. Schulgemeinschaften müssen daher auf solche Finanzierungsmodelle verzichten. Ob es dann ein paar Computerarbeitsplätze mehr oder weniger gibt, ist vollkommen egal. Die Energie, die Schulmanager früher für Finanzierungsmodelle aufwandten, sollte lieber in der Konzeption von gemeinschaftsförderlichen Aktivitäten, wie Schulwandertage, Sportangebote und Kunstförderung, stecken. Ganz nach dem Motto »Menschenbeziehungen statt Markenbeziehungen«.

Diese vier Beispiele zeigen, wie groß der Spielraum jedes Einzelnen im Kampf gegen Verhaltenssüchte ist. Ich könnte wahrscheinlich hunderte Bücher mit Alltagsszenarien füllen, in denen zwischenmenschliche Beziehungen die Verführungsversuche der Suchtindustrie egalisieren. Dass ich hier zumindest ein paar herausgegriffen habe, halte ich für eine wichtige Botschaft. Gerade als Suchttherapeut glaube ich an die Macht der Eigenverantwortung. Abseits übergeordneter Fehlentwicklung kann jeder Mensch sich selbst und seine Kinder vor Verhaltenssüchten schützen, indem der Suche nach Beziehung ein reales Beziehungsangebot gegenübergestellt wird. Trotzdem kann es nicht die Aufgabe des Individuums sein, permanent gegen die Kraft des gesellschaftlichen Zeitgeistes anzukämpfen. Das Leben wäre dann der sprichwörtliche Kampf gegen Windmühlen. Die Bekämpfung von Süchten ist also in erster Linie ein gesamtgesellschaftliches Anliegen.

Als Leiter einer Suchtabteilung gehört es zu meiner Eigenverantwortung, über den Einzelfall hinaus zu denken und konstruktive Verbesserungsvorschläge zu erarbeiten. Deshalb möchte ich an dieser Stelle ein »Lösungsszenario« anbieten, das uns ein Horrorszenario 2030 ersparen könnte.

MASSNAHME EINS: NEUE PRIORITÄTEN

Wir müssen endlich aufhören, unsere Aufmerksamkeit von Themen okkupieren zu lassen, die nichts anderes als politisches Kleingeld im Sinne des populistischen Stimmenfangs sind. Es ist zum Beispiel vollkommen müßig zu diskutieren, ob wir in fünfzig Jahren mit 65, 67 oder gar 70 in Pension gehen. Mit dieser Debatte gewinnt eine Partei vielleicht Wahlen, sie ist aber nichtsdestotrotz absurd, weil sie erstens viel zu weit vorgreift, um verlässliche Prognosen abzugeben, und zweitens nicht darüber entscheidet, ob wir in fünfzig Jahren Teil einer gesunden oder einer kaputten Gesellschaft sind. Das, was in fünfzig Jahren entscheidend sein wird, ist, ob wir beziehungsfähige Nachfolgegenerationen hervorgebracht haben oder nicht. Leben wir in einer beziehungsfähigen Gesellschaft, werden die Mitglieder dieser Gesellschaft fähig sein, sich um sich selbst und um andere zu kümmern. Diese Fähigkeit impliziert zum Beispiel auch den Willen, einen fairen Generationenvertrag abzuschließen, der das Pensionssystem auf gesunde Beine stellt. Leben wir allerdings in einer beziehungsunfähigen Suchtgesellschaft, müssen wir davon ausgehen, dass wir unter Menschen leben, die sich nicht mehr zu sozial relevanten Tätigkeiten motivieren können. Dieses Phänomen betrifft den einfachen Arbeiter genauso wie Opinion Leader aus Wirtschaft und Politik. In so einer Konstellation geht es nicht mehr um ein Pensionsantrittsalter, sondern um die viel existenziellere Frage, ob eine Gesellschaft überhaupt noch bereit ist, einen Solidarbeitrag für eine nicht arbeitende Bevölkerungsschicht zu leisten. Um ein derartiges Szenario zu vermeiden, müssen wir dringend neue Prioritäten in Richtung Suchtbekämpfung und Beziehungserziehung setzen. Noch ist eine Kehrtwende möglich.

MASSNAHME ZWEI: NEUE BILDUNGSSCHWERPUNKTE

Alle drei Jahre bangen die nationalen Bildungssysteme den Ergebnissen einer OECD-Schulleistungsuntersuchung mit dem klingenden Namen »PISA-Studie« entgegen. PISA testet die Bereiche Lesekompetenz, mathematische Kompetenz und naturwissenschaftliche Grundbildung ab. Dieses Bildungsmonitoring dient der Entwicklung von »Humankapital«, ein abstoßender Begriff, den die OECD für »das Wissen, die Fähigkeiten, die Kompetenzen, (...) die relevant sind für persönliches, soziales und ökonomisches Wohlergehen«, einsetzt. Grundsätzlich ist die Methodik von PISA vollkommen fehlgeleitet. Sie konzentriert sich auf wissenschaftliche Kategorien und nicht auf soziale, kulturelle und psychologische Kompetenzen. Diesen Vorwurf hören die Macher von PISA natürlich nicht zum ersten Mal. Deshalb haben sie sogenannte »Querschnittsthemen« eingeführt, auf die sie zusätzlich untersuchen. Die Themenverfehlung ist auch hier virulent. 2006 mussten sich die Schüler etwa in Hinblick auf ihre »Informationstechnische Grundbildung« testen lassen. Dabei geht es natürlich wieder einmal um die Fähigkeit, mit dem Computer und den damit verbundenen Technologien umzugehen. Obwohl PISA an den dringlichen Themen unserer Gesellschaft vorbei testet, sind die Bildungspolitiker der teilnehmenden Nationen PISA hörig. Gibt es einen Absturz im PISA-Ranking, können sich die zuständigen Minister auf Rücktrittsaufforderungen, mediale Schelten und Sondersitzungen in den Parlamenten gefasst machen. Solange, bis eine Expertenkommission eingesetzt wird, die zwei Jahre nur damit beschäftigt ist, ein Bildungskonzept zu erstellen, mit dem die Schüler bei PISA – also in den Bereichen Lesekompetenz, mathematische Kompetenz und naturwissenschaftliche Grundbildung – gut »performen«. In Deutschland führte ein schlechtes Ergebnis 2001 sogar zum viel zitierten »PISA-Schock«, der seither das Verhältnis zwischen Deutschland und der OECD belastet. Damit mich niemand missversteht: Ich finde es auch gut, wenn Kinder eins und eins zusammenzählen, ein Buch lesen und ein Nashorn von einem Nilpferd unterscheiden können. Die große Gefahr liegt aber nicht darin, dass unsere Kinder bei PISA und seinen Kernthemen immer schlechter abschneiden, sie liegt in der zunehmenden Beziehungslosigkeit der Kinder und damit der Gesellschaft von morgen. PISA versucht, solche Kritikpunkte mit dem Argument zu entkräften, in das Ergebnis fließe ja ohnehin auch der soziale Hintergrund mit ein. Deshalb sei das Ergebnis auch in Hinblick auf soziale Faktoren relevant. Relevant heißt wohl, dass es mit der OECD-Definition von »Humankapital« übereinstimmt, die ja explizit von »sozialem Wohlergehen« spricht. Liebe OECD-Verantwortliche, ihr konzentriert euch auf einen Nebenschauplatz. Das könnt ihr am PISA-Ranking 2009 erkennen. Das Spitzenfeld wird von Tigerstaaten wie Singapur, Hongkong und Südkorea dominiert. Dort beobachten wir aber schon jetzt eine suchtgebeutelte Gesellschaft, die verzweifelt gegen technologiegestützte Verhaltenssüchte wie die Computerspielsucht oder die Internetsucht ankämpft. PISA-Erfolg hin oder her, gerade eine Nation wie Südkorea bangt derzeit um die Wettbewerbsfähigkeit einer ganzen Generation, die sich in den Möglichkeiten von Konsum und Technologie verloren hat. PISA kriegt davon nichts mit. Gerade der asiatische Raum versteht es nämlich hervorragend, seine Bürger auf internationale Vergleiche hinzudrillen. Das sehen wir bei sportlichen Wettkämpfen, bei Bauprojekten und natürlich auch bei Bildungsstudien. Ich lasse auch nicht das Pro-PISA-Argument gelten, der Vergleich würde zumindest die Aufmerksamkeit auf das Bildungsthema rücken und damit der Sache auf jeden Fall nutzen. Hier empfehle ich einen Blick auf die österreichische Innenpolitik. Die Konsequenz von PISA war, dass Politik, Lehrergewerkschaft und selbsternannte Bildungsexperten über zwei Stunden mehr Unterrichtszeit für Lehrer, Umbenennungen von bestehenden Schulformen und die Frage diskutiert haben, ob Lehrer auch in den Sommerferien arbeiten. Wie wir es hinkriegen, dass wir unsere Kinder beziehungsfähig und sozial funktional erziehen, darüber spricht dank PISA kein Mensch. Wir könnten diese Ignoranz mit einer beziehungsunfähigen Suchtgesellschaft bezahlen. Wie ein weiteres Umdenken aussehen könnte, möchte ich anhand einer Erfahrung schildern, die ich kürzlich im Zuge eines Workshops gemacht habe. Rund vierzig Lehrer aus unterschiedlichsten Schulformen im oberösterreichischen Raum besuchten die Landesnervenklinik, um mit Psychiatern und Psychologen über aktuelle Themen aus dem Bildungswesen zu sprechen. Ich hielt ein Referat über den Vormarsch der Internetsüchte und richtete gleichzeitig einen Appell an die Lehrer. »Langfristig geht es nicht darum, unseren Kindern die Namen der zehn höchsten Berge der Welt einzubläuen, sondern ihnen durch Beziehung Beziehungsfähigkeit beizubringen.« Bei der anschließenden Diskussion meldete sich ein Lehrer zu Wort.

»Herr Doktor«, meinte er, »Sie haben echt keine Ahnung, wie es in unseren Schulen zugeht. Ich unterrichte Geografie. Wenn ich den Schülern erzähle, dass Italien 61 Millionen Einwohner hat, kann ich sicher sein, dass innerhalb von fünf Sekunden ein Schüler aufzeigt und mich belehrt, Italien habe in Wahrheit 60,626 Millionen Einwohner. Dann lachen alle Schüler über die angebliche Dummheit ihres Lehrers, der sich da als Experte aufspielt und in Wahrheit schlechter Bescheid weiß als ein junger Bursche, der schnell mal unter der Bank gegoogelt hat.«

Der Lehrer war ehrlich betroffen. Für ihn bedeutete das ganze Internet mit *Wikipedia, Google* und Konsorten einen gemeinen Angriff auf seine Autorität als Lehrer. Das Infragestellen seiner Kompetenz nahm ihn so mit, dass die Wahrnehmung des Lehrers nur mehr Negativ-Interpretationen zuließ.

Ich startete einen Versuch, diese Sichtweise aufzubrechen.

»Dass Ihr Schüler gegoogelt hat, zeigt doch ein gewisses Interesse, das Sie offensichtlich geweckt haben. Er hat zugehört, er wusste wovon Sie reden, er war aktiv bei Ihnen. Indem er Sie korrigiert hat, hat er Ihnen ein Beziehungsangebot gemacht. Als Bloßstellung haben Sie das deshalb empfunden, weil er einfach nur seiner pubertären Rolle gerecht geworden ist. Er ist in Opposition gegangen.«

Der Lehrer sah mich skeptisch an.

»Und was heißt das genau?«

»Indem Ihr Schüler in Interaktion tritt, steht er in Beziehung zu Ihnen. Wäre das nicht so, würde er sich nicht einmal die Mühe machen, das Smartphone heraus zu kramen und Italien zu googlen. Dass er die Kontaktaufnahme in eine kleine Provokation verpackt, ist altersadäquat und ganz normal.«

»Und was sollen wir Ihrer Meinung nach tun?«, schaltete sich nun eine Lehrerin ein. »Sollen wir uns jede Frechheit gefallen lassen, nur weil es sich um ein In-Beziehung-Treten handeln könnte?«

Nun war es für mich an der Zeit, die Verantwortung der Lehrer hervorzuheben.

»Eigentlich wäre es Ihre Aufgabe, die Beziehungsangebote Ihrer Schüler positiv umzumünzen.«

Ein irritiertes Raunen ging durch den Raum. Nun meldete sich wieder der bloßgestellte Lehrer zu Wort.

»Und wie soll das bitte gehen, wenn mich ein Schüler mit Smartphone und Google belehrt?«

Ein zustimmendes Gemurmel aus den Lehrerreihen zeigte mir, dass es sich bei dem besserwisserischen Schüler nicht um einen Einzelfall handelte.

»Sie könnten wertschätzend sein und sein Handeln aufwerten, indem Sie ihn loben, wie schnell er das recherchiert hat. Damit werten Sie übrigens auch sich selbst auf, indem Sie sich und den Schülern zeigen, was für ein souveräner Lehrer Sie sind. Wenn Sie so handeln, bekommen Sie auch ganz schnell die oppositionelle Rolle des Kindes wieder in den Griff. Für Ihre Schüler ist so eine Auseinandersetzung eine positive Beziehungserfahrung. Sie können sich gemäß ihrer pubertären Rolle reiben. Und sie nutzen die Reibungsenergie, um sie in eine positive Form von Beziehung umzuwandeln.«

Generell gilt:

»Hinter jeder Kontaktaufnahme kann ein Beziehungsangebot stehen. Ich muss nur die Fähigkeit entwickeln, es als solches zu erkennen.«

EXKURS ZU MASSNAHME ZWEI: WIE FINNLAND DIE VORZÜGE VON BEZIEHUNGSERZIEHUNG VORLEBT

Finnland gilt als jenes Land, das die europäische Ehre im PISA-Test gerettet hat. Es ist umso bezeichnender, dass ein hochrangiger Mitarbeiter des finnischen Ministeriums für Bildung und Kultur in einem Interview mit dem Internetportal der renommierten Smithsonian Institution erzählt, man sei an PISA nicht sonderlich interessiert. Originalzitat: »It's not what we are about« – das ist nicht das, worum es uns geht. Worum es den Finnen sehr wohl geht, ist die Selektion der Lehrer. Nur die besten zehn Prozent der Hochschulabsolventen bekommen den Zugang zum notwendigen Masterabschluss in Bildung. Für 100 Plätze im Lehramtsstudium gibt es rund 1000 Bewerber. Diese Elite trifft auf ein Schulsystem, das die Schüler neun Jahre beisammen hält, bevor es zu einer Spezialisierung kommt. Sie trifft auf ein interdisziplinäres Team, das sich aus Lehrern, Sozialarbeitern, Psychologen und medizinischem Personal rekrutiert. Sie trifft auf eine Schülerklientel mit einem ähnlich hohen Immigrantenanteil wie im restlichen Europa. Trotzdem liegen die finnischen Multikulti-Schüler in der PISA-Studie 2009 beim Leseverständnis an dritter Stelle. Zudem schult Finnland erst ab dem vollendeten siebten Lebensjahr ein. Auf jede 45-minütige Unterrichtseinheit folgt eine 15-minütige Pause, die die Klassen nach Möglichkeit spielend und bei jedem Wetter im Freien verbringen. Die Belastung durch Hausübungen ist minimal, in Beiträgen wie jenem von *smithsonianmag.com* sagen Lehrer Sätze wie »We value play« – wir schätzen das Spielen. Im selben Artikel findet sich auch das Fallbeispiel eines jungen Kosovo-Albaners namens Besart Kabashi, der alle sozialpädagogischen Bemühungen innerhalb einer finnischen Schule mit schlechten Leistungen und Protest quittierte. Er flog nicht aus der Institution, sondern wurde in ein Tutorenprogramm eingegliedert, bei dem er zum Beispiel jüngeren Schülern vorlas. Heute ist der ehemalige Problemschüler Eigentümer einer Autowerkstatt und einer Reinigungsfirma.

Weil Finnland so agiert, führt es die Riege der europäischen Bildungssysteme überlegen an. Was dabei aber entscheidend ist: Finnland hat nicht wie die asiatischen Tigerstaaten ein ergebnisorientiertes Leistungssystem für internationales Prestige etabliert, sondern eine echte Beziehungserziehung. Ich erinnere mich noch gut an einen Satz, den ich im Jahr 2007 in der deutschen Wochenzeitung *Die Zeit* gelesen habe. Eine junge Lehrerin sagte im Zuge eines Artikels über das finnische Schulsystem: »Ich will Kinder unterrichten, nicht Mathematik.« Genau das ist das Erfolgsgeheimnis. Alle Maßnahmen, die ich in diesem kurzen Exkurs beschrieben habe, zahlen in die Beziehungsfähigkeit von Kindern ein. Leistung, Produktivität und Funktionalität sind dabei praktische Nebenprodukte, die Finnland zu einem der wohlhabendsten Staaten innerhalb der Europäischen Union gemacht haben, mit einem »Triple A« bei allen drei großen Ratingagenturen. Ich wage auch die Prognose, dass Finnland nicht nur bei PISA, sondern auch bei der Bewältigung von Verhaltenssüchten eine Vorbildrolle einnehmen wird. Nicht, weil die Suchtbehandlungseinrichtungen besser sind, sondern weil der finnischen Gesellschaft das Thema Beziehung wichtiger ist.

MASSNAHME DREI: MODELLLERNEN ANHAND VON MIGRANTEN

Migranten sind in vielen Fällen Gegenstand von politischen Kontroversen. Solche Kontroversen sind meistens von der Behauptung getragen, Migranten würden der Mehrheitsgesellschaft mehr schaden als nutzen. Das ist jedoch eine dramatische, weil selbstzerstörerische, Fehleinschätzung. Warum das so ist, möchte ich anhand einer persönlichen Geschichte erklären. Ich bin immer wieder in den USA, um Verwandte zu besuchen. Bei einem dieser Aufenthalte vor rund zehn Jahren plante ich ein paar Tage in San Francisco ein. Ich wollte dort meine Cousine treffen und außerdem die berühmte Eliteuniversität Berkeley besichtigen. Vorher recherchierte ich und erfuhr einige interessante Fakten, zum Beispiel dass rund zwei Drittel der neuen Studienanfänger mindestens einen Elternteil haben, der außerhalb der USA geboren ist. Als ich dann mit meiner Cousine am imposanten Campus von Berkeley stand, war klar aus welchem Teil der Erde sich diese Studenten mit Migrationshintergrund hauptsächlich rekrutierten. Am Campus von Berkeley tummelten sich vor allem Asiaten aus dem fernöstlichen Raum, die entweder gerade ihre Pause auf einer der sattgrünen Rasenflächen genossen oder aber von einer Vorlesung zur nächsten hetzten.

»Wieso gibt es hier so viele Asiaten?«, fragte ich meine Cousine. »Immerhin sind wir hier zehn Flugstunden von Asien entfernt.«

Die Erklärung meiner Cousine war äußerst aufschlussreich. Früher hatten die Universitäten vom Gesetz her einen ethnischen Schlüssel zu erfüllen, der sich am Anteil der Minderheiten gemessen an der Gesamtbevölkerung orientierte. Die zugelassenen Asiaten mussten also prozentuell die asiatische Minderheit innerhalb der US-amerikanischen Bevölkerung repräsentieren. Dasselbe galt für Hispanics, indigene Amerikaner, Afroamerikaner und alle anderen Ethnizitäten. Der Schlüssel legte aber auch automatisch fest, dass weiße US-Amerikaner die große Mehrheit der Studentenschaft stellten. Dagegen lehnten sich Universitäten wie Berkeley auf. Sie argumentierten, dass mit solch einem Schlüssel keine Eliteuniversität zu betreiben sei. Offenbar reichte das »Humankapital«, das die US-Amerikaner mit weißer Hautfarbe in den Universitätsalltag einbrachten, nicht aus, um den Status als elitäre Ausbildungsstätte beizubehalten. Der Staat gab dem Drängen der Universitäten nach und hob das Gesetz auf. Ab diesem Zeitpunkt starteten Studenten mit fernöstlichen Wurzeln ihren intellektuellen Siegeszug an der Universität Berkeley.

Aufmerksame Leser könnten jetzt aufschreien und mir vorwerfen, ich würde mir mit dieser Geschichte selbst widersprechen. Immerhin habe ich weiter vorne geschrieben, dass die Erziehungsmethoden und die Bildungspolitik Japans und der Tigerstaaten verfehlt seien und direkt in eine funktionsunfähige Suchtgesellschaft führen würden. Es handelt sich aber nur um einen scheinbaren Widerspruch. Das Phänomen der asiatischen Dominanz in Amerikas Eliteuniversitäten hat nämlich nichts mit dem gesellschaftlichen Klima in den ursprünglichen Herkunftsländern zu tun. Der Großteil dieser Studenten ist nicht »importiert«, sondern von Grund auf in der US-amerikanischen Gesellschaft integriert. Ihr Überhang an der Berkeley Universität zeugt von der intellektuellen und sozialen Durchschlagskraft, die Minderheiten innerhalb der Mehrheitsgesellschaft entwickeln. Dabei geht es nicht um irgendwelche dummen Rassentheorien, mit denen wir Asiaten zum Beispiel mehr Hirnzellen oder hochwertigere Hirnmasse zuschreiben können. Fakt ist, dass die gesellschaftlichen Strukturen von Migranten-Communities noch traditioneller aufgebaut und deshalb viel stärker auf sozialen Zusammenhalt ausgelegt sind. Die Mitglieder dieser Communities stehen in intensiver Beziehung zueinander, sie legen Wert auf Solidarität und organisieren sich viel stärker in Vereinen und Initiativen.

Um dieses Phänomen zu beobachten, müssen wir nicht nach Berkeley blicken, wir können uns auch ganz einfach in Städten wie Wien oder Berlin umsehen. Dort gibt es zum Beispiel große türkische Minoritäten, die sich durch einen enormen Zusammenhalt auszeichnen. Sie kaufen natürlich im Supermarkt ein, aber auch in den kleinen Lebensmittelgeschäften ihrer Landsleute. Sie sorgen für funktionstüchtige Subsysteme, indem sie sich zum Beispiel in handwerklichen Belangen unterstützen und dadurch unabhängig von teuren Betrieben machen. Außerdem legt gerade die türkische Szene großen Wert auf kulturelle Angebote. In türkischen Vierteln gibt es Lokalitäten, Diskotheken, Kulturvereine und Konzerte türkischer Künstler. Das gesamte System ist somit auf zwischenmenschlichen Beziehungen aufgebaut. Rechtspopulisten reden in solchen Fällen gerne von Ghettos und Integrationsunwilligkeit. Ich will das nicht politisch bewerten, sondern nur psychosozial. Aus dieser Perspektive sind derartige Unterstellungen Schwachsinn. Erstens wissen wir heute, dass Migranten nur dann mit der Identität einer neuen Heimat umgehen können, wenn sie sich ihrer eigenen Identität in Form von Sprache und anderen Kulturtechniken bewusst sind. Zweitens leben die Migranten außerhalb ihrer Heimat vor, wie eine Gesellschaft produktiv, wettbewerbsfähig und funktional bleibt. Wahrscheinlich würden sie ihre diesbezüglichen Kompetenzen auch mit den Einheimischen teilen, gäbe es nicht eine große Skepsis seitens Mehrheitsbevölkerung. Also bleiben soziale Fähigkeiten von Migranten ein hermetisch abgeriegeltes Phänomen, das dann Hochschulen wie Berkeley einholt.

Ich will die migrantisch geprägte Großfamilie nicht glorifizieren, weil sie natürlich auch ein Hort von versteckter Gewalt, insbesondere gegen Frauen, sein kann. Dennoch fällt mir auf, dass es in solchen Familien außer Diskussion steht, dass die Wochenenden sozialen Aktivitäten gewidmet sind.

Der junge türkischstämmige Autor Inan Türkmen schrieb in seiner viel diskutierten Streitschrift »Wir kommen«:

Es gibt ein paar Dinge, die uns stärker machen. Eines ist die Familie. Sie gibt uns Halt. Türkische Ehepaare binden gerne alle Verwandten ein, die des Mannes genauso wie die der Frau. Einmal pro Woche oder wenigstens einmal im Monat kommen sie zum Essen oder Tee trinken zusammen. Wir helfen einander, wenn es nötig ist auch mit Geld. Es gibt schwarze Schafe, die das ausnutzen, aber es ist so wie beim staatlichen Sozialsystem: Das Prinzip wird deshalb nicht schlechter.

Türkmen stellt vollkommen richtig fest:

Türken der zweiten Generation, zu der auch ich gehöre, sind besonders hungrig. Wir haben im Hinterkopf, dass wir unseren Eltern Fleiß und Ehrgeiz schulden, weil sie den weiten Weg aus der Türkei hierher auf sich genommen haben und in schlechten Jobs für wenig Geld schuften. Das unterscheidet uns von vielen Deutschen und Österreichern, die höchstens glauben, dass ihre Eltern ihnen etwas schulden. Dazu kommt, dass wir innerhalb der Familie Vorbilder sein müssen, ich zum Beispiel für meinen kleinen Bruder. Ich kann nicht einfach auf der Straße rumlungern. Was würde der von mir denken?

Diese Mentalität zahlt in die soziale Kompetenz der Migranten ein. Die einheimischen Kids des westlichen Abendlandes ruhen sich auf dem Wohlstand ihrer Vorfahren aus. Ihr soziales Engagement erschöpft sich in der Teilnahme an Flashmobs und an Online-Petitionen und in der Einfärbung des facebook-Profilbildes, je nachdem welche Farbe gerade von irgendeiner internationalen Protestbewegung genutzt wird. Die Migranten wissen hingegen, dass ihr Wohlstand an echtes soziales Engagement gekoppelt ist und handeln dementsprechend. Die Migranten sind deshalb sozial produktiver.

Wir haben also zwei Möglichkeiten. Entweder wir machen weiter wie bisher. Dann dürfen wir uns aber auch nicht beschweren, dass Wirtschaftsbosse, Ärzte, Politiker und andere Leitfiguren der Gesellschaft vorwiegend aus dem Migrantenmilieu stammen werden, während unsere Kinder nur mehr einen Avatar in einer virtuellen Welt lenken und hie und da eine belanglose Meldung auf *Twitter* vom Stapel lassen. In einem solchen Szenario dürfen wir uns auch nicht beschweren, dass Universitäten nach dem Vorbild von Berkeley auf Studenten aus den Migranten-Communities ausweichen, weil die konsum- und internethörigen Einheimischen unfähig sind, in einen sinnvollen wissenschaftlichen Diskurs einzutreten.

Die andere Möglichkeit ist, dass wir die Fähigkeit entwickeln, als Mehrheitsgesellschaft von der Beziehungsfähigkeit der Migranten zu lernen. Nur dann besteht eine Chance, dass wir uns zu einem ernstzunehmenden Gegenüber entwickeln, das von sozialem Wohlstand und nicht von Verhaltenssüchten geprägt ist.

MASSNAHME VIER: DIE WIEDERENTDECKUNG DER AUSGEWOGENHEIT

Wir leben in einer Gesellschaft der Extreme. Es muss immer höher, schneller, weiter gehen. Unsere medialen Vorbilder jagen nach Rekorden, die sich ausschließlich an Verkaufszahlen, Quoten, YouTube-Views, Followern und Sendezeit messen. Erst in jüngster Vergangenheit erlebte die Anbetung des Extremen einen neuen Höhepunkt, als der österreichische Extremsportler Felix Baumgartner aus rund 39.000 Metern Höhe Richtung Erde sprang und dabei im freien Fall die Schallmauer durchbrach. Bis heute konnte mir keiner meiner Freunde und Kollegen aus der Wissenschaft erklären, was der tiefere Erkenntniswert dieses Experiments war. Ein Gespräch mit einem Marketingexperten war da wesentlich erhellender.

»Im weltweiten Google-Ranking der am stärksten anwachsenden Personen-Suchen belegt der Baumgartner den sechsten Rang«, erzählte mir der Bekannte aus einer PR-Agentur, »außerdem entspricht das ganze Red-Bull-Stratos-Getöse einem geschätzten Werbewert von acht Milliarden Euro.«

Für mich gibt es eine relativ einfache Erklärung, warum Grenzgänge wie jener des Felix Baumgartner einen für Werbung und Marketing so wertvollen Hype auslösen können. Das Extreme ist nur ein vorläufiger Platzhalter für den Dopaminkick, den es auslöst. Die Menschen streben also nach dem Extremen, weil es einen Schlüsselreiz für ein kurz anhaltendes Glücksgefühl darstellt. Dieses Prinzip ist übrigens keine Neuentdeckung. Jede Achterbahn basiert auf dem Glück durch Extreme. Obwohl wir wissen, dass wir uns fürchterlich ängstigen werden, setzen wir uns in ein kleines Vehikel, mit dem wir uns kopfüber in die Tiefe stürzen. Nachher sprechen wir von einem »schaurig-schönen« Erlebnis, also von einem Dopaminausstoß durch eine extreme, nicht unbedingt schöne Erfahrung. Die Konsumpsychologen haben die Funktionalität des »Schaurigschönen« längst durchschaut und raten ihren Klienten aus der Wirtschaft deshalb zu immer extremeren Inszenierungen, um über das stimulierte Belohnungszentrum in die Alltagsgewohnheiten der Konsumenten vorzudringen. Deshalb reicht es in Shows nicht mehr, wenn Menschen einen Geschicklichkeitsparcours bewältigen, sie müssen Känguru-Hoden essen und dabei am besten noch über einen 100-Meter-Abgrund balancieren.

Ich habe schon an anderer Stelle erklärt, dass die Dopaminkicks durch Extrem-Erfahrungen äußerst kurzlebige Glücksmomente sind, die in erster Linie den Prinzipien der Sucht zuträglich sind. Im Gegensatz dazu kann ein ausgewogenes Leben für einen stabilen Dopaminspiegel sorgen, der ein nachhaltiges Glücksgefühl ermöglicht. Ausgewogen bezieht sich auch, aber nicht nur auf die Ernährung. Ausgewogenheit im Zusammenhang mit Glück bedeutet, dass sich die verschiedenen Inhalte meines Lebens nicht gegenseitig kannibalisieren. Insofern ist der Begriff der Work-Life-Balance trotz seiner Abgedroschenheit in der Wellness-Industrie gar nicht so verkehrt. Wenn das Arbeitsleben das Familienleben auffrisst, ist das genauso schlecht, wie wenn jemand prinzipiell so viel am Computer spielt, dass er keiner Ausbildung mehr nachgehen kann. Eine Parole könnte lauten »Es soll kein wichtiger Lebensbereich darunter leiden, dass ich von etwas anderem zu viel tue«. Es geht also immer um die ausgewogene Koexistenz verschiedener Aktivitäten, wobei existenziellen Lebensinhalten wie Freunden, Familie, Ausbildung und Beruf im Zweifelsfall immer der Vorzug zu geben ist. Das Gute an dem daraus resultierenden Glücksgefühl ist, dass es resistent gegenüber den extremen Dopaminkicks macht. Wenn ein Mensch also mit einem stabilen Glückslevel durchs Leben geht, verfehlt der punktuelle Glücksrausch seine Wirkung. Maßnahme vier zielt also nicht darauf ab, widersinnige Medienereignisse wie »Red Bull Stratos« zu verbieten. Sie zielt darauf ab, wieder mehr Ausgewogenheit zu propagieren, um für die Menschen die Verlockungen des Extremen uninteressant zu machen.

Abschließend noch ein kurzer Nachtrag zu dem Google-Ranking, das mein Bekannter aus der PR-Agentur zitiert hat. Ich recherchierte im Internet und fand die kompletten Google-Trends 2012. Auf Platz fünf dieser weltweiten Hitparade der Suchbegriffe lag »Diablo 3«, ein neues Online-Rollenspiel der World-of-Warcraft-Produzenten Blizzard Entertainment. Damit war amtlich, dass ein Computerspiel offenbar mehr Menschen bewegt als Kate Middleton und die Olympischen Spiele 2012. Beide mussten sich mit den Plätzen hinter »Diablo 3« zufrieden geben. Die junge Kanadierin Amanda Todd, die sich, nachdem sie in einem Video-Chat ihre Brüste entblößt hatte, wegen Cyber-Mobbings das Leben nahm, rangierte auf Platz acht. Das Google-Ranking macht auf simple Weise sichtbar, woran es krankt. Nun liegt es an uns, solche Erkenntnisse in Lösungsstrategien umzuwandeln.

MASSNAHME FÜNF: VERZICHT STATT EXZESS

Immer wieder lese ich von Diäten, Fitnessprogrammen und Schönheitsversprechen, die vollkommen ohne Verzicht auskommen. Die jeweiligen Anbieter verkaufen damit die Illusion, ein Mensch könne sich im Handumdrehen verändern, ohne Opfer zu bringen. Der Absurdität sind dabei keine Grenzen gesetzt. So höre ich wieder und wieder im Werbeblock, dass Margarine als Cholesterinsenker eingesetzt werden kann. Dieses Versprechen ist so unfassbarer Nonsens, dass ich den Machern dieser Werbung nicht einmal böse bin. Auf unfreiwillige Art und Weise dienen sie als Paradebeispiel dafür, was passiert, wenn die werbetreibende Industrie in puncto Produktversprechen sich selbst überlassen ist. An dieser Stelle eine Klarstellung: Die Behauptung, Veränderung sei ohne Opfer herbeizuführen, ist grundfalsch und auch nicht erstrebenswert. Leider ist diese Behauptung aber schon so inflationär im Einsatz, dass sich die Konsumenten jegliche Frustrationstoleranz abgewöhnt haben. Ist ja eh alles ganz einfach. Das hat massive Auswirkungen auf die Suchtthematik. Zum einen bedeutet eine niedrige Frustrationstoleranz, dass ein Mensch jedes Negativerlebnis sofort mit einem Kick für das Belohnungszentrum kompensieren will. Zum anderen sorgt sie dafür, dass Menschen nicht mehr bereit sind, sich selbst einzuschränken. Nun kann ich noch so viel über die stabilisierende Wirkung von Beziehungen und dem damit verbundenen Dopaminspiegel schreiben, es wird immer Momente im Leben eines Menschen geben, wo er sich einschränken, sich selbst also eine unmittelbare Belohnung vorenthalten muss. Dafür ist unsere Gesellschaft immer weniger gewappnet, weil ihr Werbung und PR die Notwendigkeit des Verzichts abtrainiert haben. Wenn also immer mehr Menschen bereits an der kleinsten Selbstbeschränkung scheitern und sich ungefiltert Stimulanzien für das Belohnungszentrum holen, erhöht das natürlich auch die Suchtgefährdung für jene Menschen, die eigentlich gar keine besonders ausgeprägte Suchtdisposition haben. Deshalb führt kein Weg daran vorbei, den Verzicht wieder in unser gesellschaftliches Gefüge einzuführen. Zu diesem Zweck möchte ich mit dem Vorurteil aufräumen, Verzicht sei etwas Lustfeindliches. Im Gegenteil, auch Verzicht kann aufgrund der positiven Erfahrung der Selbstkontrolle ein Glücksmoment auslösen. Ich vergleiche das gerne mit der positiven Seite des Schmerzes. Nehmen wir zum Beispiel das Körpergefühl nach dem Joggen. Der Läufer ist müde, die Füße tun ihm weh und er spürt schon die ersten Anzeichen eines Muskelkaters. Und trotzdem ist Joggen glücks- und sinnstiftend, weil der Jogger durch die Überwindung seiner Trägheit etwas Positives geschafft hat. Genauso ist auch maßvoller Verzicht zu interpretieren, dann hat er nichts mit Lustfeindlichkeit oder Freudlosigkeit zu tun, sondern ist ein wertvoller Baustein in einem selbstkontrollierten, suchtfreien Leben.

MASSNAHME SECHS: MUT ZUR SELBSTBESTIMMUNG

Ich beobachte eine kollektive Sehnsucht nach Patentrezepten. Jeder möchte in zehn Schritten, acht Wochen, über Nacht, oder gar mit einer simplen Bestellung beim Universum sein Schicksal positiv beeinflussen. Ich kann die Verlockung nachvollziehen, die von einer simplen und scheinbar allgemeingültigen Reißbrett-Lösung ausgeht. Ich beobachte mich selbst immer wieder dabei, wie ich mein persönliches Trainingsprogramm auf irgendwelche Sportfibeln abstimme. Ich muss mich dann immer wieder selbst ermahnen, lieber auf mich, meinen Körper und meine individuellen Leistungsgrenzen zu achten, statt in eine unreflektierte Expertenhörigkeit zu verfallen. Die perfekt ausgeleuchteten Gurus auf den Covers von Ratgebern machen nicht umsonst universelle Versprechungen. Sie senden damit eine verführerische Botschaft:

»Gib Kontrolle ab! Lass dich von mir leiten! Ich sage dir, wo es langgeht! Du musst nichts tun, außer dich auf mich einzulassen.«

Es geht also in den Patentrezepten wieder einmal um den Kontrollverlust des Konsumenten. Der stellt insofern ein erstrebenswertes Ziel dar, als dass auch die Beratungsexperten ein wirtschaftliches Gut verkaufen wollen. In Form von Büchern, Workshops, CDs, Online-Tutorials, Vorträgen, Fitnessprodukten und anderen einträglichen Lifestyle-Gütern. Wer die Kontrolle abgibt, wird zum Stammkunden, weil er jeden Konsumappell mit einem kritiklosen Kaufakt quittiert. Mein Lieblingsbeispiel ist der sogenannte »Fitnesspapst« Ulrich Strunz. Mit großem Interesse habe ich seinerzeit sein »Leicht-Lauf-Programm Forever Young« gelesen, weil ich mit dem Joggen begonnen habe. Natürlich habe ich dann auch sein Buch »Forever Young. Das Erfolgsprogramm« gelesen. Danach bin ich allerdings ausgestiegen, weil sich bei mir aufgrund der Einführung der Haribo Fruchtgummisorten »Forever Fun« und »Forever Fun Plus«, in Zusammenarbeit mit Dr. Strunz, der Verdacht erhärtete, dem Mann könnte es nicht nur um das Wohlbefinden der breiten Masse, sondern auch um knallharte Geschäftemacherei gehen. Erst unlängst habe ich dann wieder mal auf seine Website geschaut. Dr. Strunz ist jetzt auch Experte für Krebs. Er sagt den Menschen, wie man am besten die »Tumor-Gene« abschaltet. Außerdem verkauft er Diätbücher,

Vitaminratgeber und Mentalcoachings. Weil nicht auf allem »Dr. Strunz« stehen kann, gibt es auch einen eigenen Online-Shop, wo die User dann die Produkte anderer Hersteller erwerben können. Weil es aber trotzdem um die Marke »Dr. Strunz« geht, gibt es zum Beispiel den »Forever Young Premium Shaker« mit »zwei eingebauten Portionskammern«. In die können die Fitnessjünger dann das »Forever Young« Eiweißpulver leeren. Für ganz hartgesottene Fans gibt es noch die Möglichkeit, in der Privatpraxis von Dr. Strunz vorbeizuschauen, wo es immerhin »Bluttuning« und »natürliches Anti-Aging« gibt. Ich bringe das Beispiel, um zu zeigen, dass selbst hochgelobte Gesundheitsapostel die Vorzüge des Kontrollverlustes erkannt und für sich instrumentalisiert haben. Die Suchterziehung ist also längst in der Wellness-, Gesundheits- und Fitnessbranche angekommen, was natürlich besonders verkehrt ist, weil wir uns gerade von diesen Bereichen erwarten, dass sie uns helfen und nicht weiter schaden. Wir müssen akzeptieren, dass wir oft keine klaren Antworten bekommen und ganz unterschiedliche Wege zu einem Ziel führen. Es gibt kein Patentrezept, sondern nur Orientierungshilfen, die wir mit unserer eigenen Intuition und unserem Hausverstand anreichern müssen. Deshalb liefert dieses Buch kein Zehn-Punkte-Programm für ein suchtfreies Leben. Es liefert lediglich eine Art Landkarte der Verhaltenssüchte, mit deren Hilfe sich Menschen orientieren und ihre eigene Position bestimmen können. Wie bei echten Landkarten lassen sich Ziele definieren. Die Wege dorthin sind mannigfaltig.

Was heißt das nun konkret?

Das heißt, dass jeder Mensch eine individuelle Strategie entwickeln muss, um sein natürliches Suchtpotential unter Kontrolle zu halten. Wir Suchtexperten können natürlich helfen, indem wir unser Wissen und unsere Erfahrungswerte auf die jeweiligen Lebensumstände unserer Patienten anwenden. Wir können aber kein Patentrezept auf einen Flipchart kritzeln, das dann für alle Suchtkranken Gültigkeit hat. Ich will das an einem Beispiel illustrieren. Es gibt Menschen, denen fällt es ganz leicht, eine

Stunde pro Tag Computer zu spielen, ohne dabei die Zeit aus den Augen zu verlieren. Warum sollte ich dieser Person also raten, das Computerspielen aufzugeben? Umgekehrt gibt es Menschen, für die reicht bereits eine Minute vor einem Bildschirm, um die Kontrolle zu verlieren. In solchen Fällen rate ich unter Umständen zu kompromissloser Abstinenz, die durch die Verbannung von Computertechnologie aus dem unmittelbaren Umfeld gestützt sein kann. Aber auch nicht immer, denn es gibt Persönlichkeiten, denen reicht es, einen Tag lang den Kontrollverlust zu zelebrieren und 24 Stunden durchzuspielen. Mit dem Resultat, dass sie daraufhin mehrere Wochen lang keinen Controller anfassen. Würde ich diesen punktuellen Hardcore-Spielern empfehlen, ihrer Leidenschaft gar nicht mehr nachzugehen, würde ich eine permanente Drucksituation herstellen, die gar nicht notwendig ist, weil ein komplett durchgezockter Tag das ideale Ventil für lange Phasen der Abstinenz sein kann. Wir haben hier also einen klar umrissenen Themenbereich, nämlich die Computerspielbeziehungsweise Internetsucht. Bereits bei der simplen Frage der Konsumationsempfehlung haben wir aber drei verschiedene Möglichkeiten des Umgangs, die allesamt ihre Berechtigung haben.

Diese Feststellung soll auch Eltern ermuntern, auf die individuellen Eigenschaften ihres Kindes einzugehen. Ich sage nicht: »Verbietet euren Kindern, auf *facebook* zu sein, Computer zu spielen und Shoppen zu gehen, sonst seid ihr schlechte Eltern, die einen Suchtkrüppel heranzüchten«.

Ich sage: »Entwickelt einen Sensor für die Suchtfallen in den Lebenswelten eurer Kinder und setzt dann Maßnahmen ein, die dem Charakter des Kindes entsprechen«.

Manchmal reicht schon wertschätzendes Feedback, um ein Verhalten wieder in die richtigen Bahnen zu lenken. Gelegentlich müssen Eltern auch bestimmte Facetten des Alltags attraktiver gestalten, um ein suchtgefährdetes Kind vom Problemverhalten wegzulotsen. Indem Eltern zum Beispiel in eine tolle Sportausrüstung investieren, mit der ein Kind beim Fußball reüssiert, können sie der Bewegung einen Imagevorsprung gegenüber dem Computerspiel verschaffen. In vielen Fällen müssen Eltern auch in Verhandlung treten. Das Ergebnis solcher Verhandlungen ist nicht unbedingt das Wunschergebnis der Eltern. Am Schluss kann auch der Kompromiss stehen, dass die umstrittene Tätigkeit gemeinsam mit einem Elternteil stattfindet. Allein schon die Tatsache, dass sich Eltern mehrere Optionen offen halten, um dem Wesen des eigenen Kindes gerecht zu werden, zeigt schon, dass sie in Beziehung sind, und dieses »in Beziehung sein« ist die beste Suchtprävention. Maßnahme sechs bezieht sich also auf ein Umdenken in unseren gesellschaftlichen Problemlösungsstrategien. Das starre Gießkannenprinzip, bei dem ein Modell möglichst alle Menschen erfassen soll, hat in dieser Hinsicht ausgedient. Entscheidend ist die soziale Kompetenz, Probleme im unmittelbaren Umfeld zu erkennen und verschiedene Problemlösungsstrategien auszuprobieren. Dann könnten wir auch aufhören, ständig über »die Gesellschaft« als diffusen Sündenbock für all unsere Probleme zu sprechen.

MASSNAHME SIEBEN: BEZIEHUNGSFRÜHERZIEHUNG

Im Zuge der Bildungsdebatte höre ich wiederholt die Frage, wer nun den Erziehungsauftrag habe. Die Eltern oder das Bildungssystem? Die Antwort ist einfach. Es gibt kein »entweder oder«. Beide haben einen Erziehungsauftrag! Natürlich sind die Rahmenbedingungen und Schwerpunktsetzungen unterschiedlich. In beiden Erziehungsverhältnissen sollte es aber immer um Beziehung gehen. Für das Erziehungsverhältnis zwischen Eltern und Kindern ist dieser Grundsatz weitgehend akzeptiert. Mittlerweile hat sich herumgesprochen, dass ein Kind vor allem dann emotional gesund ist, wenn es in einem vertrauensvollen und von Liebe und Wertschätzung geprägten Umfeld heranwächst. Das heißt zwar noch lange nicht, dass alle Familien diesem Ideal nacheifern. Aber immerhin schafft ein solcher Grundkonsens die gesellschaftlichen Rahmenbedingungen, um beziehungsfeindliche Erziehungsmethoden in Frage zu stellen und notfalls einzugreifen. Ich kann das an einem Beispiel festmachen. Früher hat sich kein Mensch darum geschert, ob ein Kind auf offener Straße eine Ohrfeige bekommen hat und danach an einem verdrehten Ohr nach Hause gezogen wurde. Heute stehen die Chancen ganz gut, dass ein Passant die Polizei ruft. Es hat sich eben herumgesprochen, dass so eine Form von Erziehung krank macht und deshalb zu sanktionieren ist. Im Schul- und Bildungswesen haben wir bestenfalls den halben Weg bestritten. Unsere Kinder müssen sich zwar nicht mehr fürchten, dass Lehrer sie verprügeln und in die Ecke stellen. Sie müssen aber sehr wohl damit rechnen, dass sich die Wertschätzung ihnen gegenüber an standardisierten Anforderungen orientiert, die der Lehrplan auch noch in Fächerkategorien filetiert. Gerade im Lichte der globalen Suchtbedrohung ist das ein dramatischer Denkfehler. Unsere Bildungspolitiker sollten sich nicht über Lese-, Rechen- und Schreib-Früherziehung den Kopf zerbrechen. Sie sollten sich lieber überlegen, wie sie Beziehungsfrüherziehung als einende Klammer etablieren. Lernen durch Beziehung ist nämlich die effizienteste und gleichzeitig gesündeste Lernmethode. Für viele mag das esoterisch klingen. Es handelt sich dabei aber um eine Erkenntnis, die einer trockenen Logik folgt. Wer in Beziehung zu seiner Umwelt steht, interessiert sich auch für sie. Seine Erkenntnisse basieren nicht auf einem externen Lernzwang, sondern auf einem natürlichen Interesse an der Welt und ihren Bewohnern. Dieses Interesse können zum Beispiel Lehrer wecken, indem sie vormachen, wie spannend es ist, mit der Welt und ihren Phänomenen in Beziehung zu treten. Wer durch diese Form von Modelllernen Beziehungsfähigkeit mit auf den Weg bekommt, dem stehen alle Türen offen. Für solche Menschen ist Kompetenzerwerb keine mühselige Qualifizierungsmaßnahme, sondern ein soziales Grundbedürfnis. Da ist es dann übrigens auch egal, ob ein Schüler zwei Jahre früher oder später weiß, wie viele Einwohner Italien hat und worin sich ein Drehzylinder von einem Drehkegel unterscheidet. Ob er allerdings zwei Jahre früher oder später Beziehungsfähigkeit lernt, ist von fundamentaler Bedeutung. Gerade das frühe Kindesalter ist nämlich für solche Lernerfahrungen perfekt geeignet. Verpasst ein Kind die altersadäquaten Beziehungserfahrungen, fällt es ihm ungleich schwerer, dieselben Fertigkeiten zu einem späteren Zeitpunkt nachzulernen. Unter Umständen wird es ihm sogar schwerfallen, überhaupt alles aufzuholen, sodass ein Manko bestehen bleibt. Beziehungsfähigkeit verhält sich hier wie eine Fremdsprache. Je früher die Fremdsprache Teil der sozialen Prägung ist, desto eher können Kinder akzentfrei sprechen. Mit jedem ungenutzten Jahr sinkt die Wahrscheinlichkeit, dass das Kind die Fremdsprache wie eine zweite Muttersprache beherrscht. Wenn ich also von Beziehungsfrüherziehung spreche, dann meine ich ein Kompetenzfeld, das unter Umständen brach liegt, wenn wir es als Gesellschaft nicht von Anfang an bestellen. Ein Fünfjähriger lernt Beziehungsfähigkeit mit spielerischer Leichtigkeit. Ein Fünfzigjähriger kann zwanzig Jahre in die Psychotherapie gehen und wird trotzdem nicht dieselbe Beziehungsfähigkeit erlangen, die ein Kind besitzt, das ganz selbstverständlich Beziehungsfrüherziehung genossen hat.

Liebe Politiker, Beziehungsfähigkeit ist das Um und Auf für eine Wissensgesellschaft, und nicht möglichst viele Kinder, die mit zehn Jahren abstrakte Algebra beherrschen, um medienwirksam beim PISA-Test zu reüssieren.

Den Lehrern ist übrigens nicht vorzuwerfen, dass wir in der Beziehungsfrüherziehung gnadenlos versagen. In der Lehrerausbildung hat dieser Bereich einfach keinen Stellenwert. Der Lateinlehrer lernt in seinem Studium Latein, der Mathematiklehrer Mathematik. Beziehungsfähigkeit steht nicht am Stundenplan, und wenn, dann nur versteckt hinter irgendwelchen Schlagworten aus der Pädagogik. Erschwerend kommt hinzu, dass das System genau jene Fächer sträflich vernachlässigt, wo es ein Leichtes wäre, mit Kindern in Beziehung zu treten. Seit Jahren sind die

Bildungstheoretiker unfähig, dem Sportunterricht einen höheren Stellenwert einzuräumen. Die wenigen Turnstunden, die in den Lehrplänen übrig bleiben, sind nicht von spielerischer Bewegung in der Gruppe, sondern von Prüfungen an Reck, Barren und Kasten geprägt. Eine Partie Fußball gibt es nur zur Belohnung, wenn die Kids den Großteil der

Unterrichtszeit brav waren. Das sollte übrigens auch den Naturwissenschaftlern gegen den Strich gehen. Beziehungsfähige Menschen sind nämlich auch Menschen, die ihr erlangtes Wissen besonders gut einsetzen können. Sonderbare Physikgenies entdecken vielleicht ein neues Element, das auf sehr abstrakte Weise dazu beiträgt, Materie neu einordnen zu können. Physikgenies, die ihr Wissen um zwei Jahre später erlangt haben, weil sie viel Zeit mit Freunden in der Natur verbracht haben, erfinden dafür einen Turnschuh, der Gelenksschäden vermeidet und damit dem Sport zu neuer Popularität verhilft. Wenn Wissenschaft und praktischer Nutzen solche Allianzen eingehen, halte ich das für einen Idealfall der Wissenskultur. Dem vorherrschenden Bildungssystem ist das scheinbar egal. Es folgt einer absurden Logik und nimmt seine Erziehungsaufgaben nur mangelhaft wahr.

Maßnahme sieben, die Einführung einer institutionellen Beziehungsfrüherziehung, beginnt idealerweise im Kindergartenalter. Je jünger Kinder sind, desto besser lernen sie basale Fähigkeiten, die sie als soziales Wesen prägen. Dazu zählen zum Beispiel auch Selbst- und Impulskontrolle, die für die Ausprägung von Süchten entscheidend sind. Mit einer diesbezüglichen Sensibilität können Eltern unabhängig von der politischen Bildungsmisere Großes bewirken. Der Schlüssel zu einer selbstbestimmten Beziehungsfrüherziehung ist eine Neuordnung der Prioritäten. Wir sollten nicht primär darauf achten, dass unsere Kinder in den besten Privatkindergarten mit bilingualer Erziehung und Begabtenförderung gehen. Ich bin immer wieder erstaunt, dass manche Eltern bereit sind, ein Vermögen dafür auszugeben, dass eine Kindergärtnerin englische Lieder mit der Gruppe singt und alle Spielsachen aus unbehandeltem Holz gefertigt sind, ohne aber genau sagen zu können, wie der Alltag im Kindergarten tatsächlich aussieht. Sprachenvielfalt und hochwertige Spielsachen sind zwar schön und gut, aber nicht entscheidend. Viel wichtiger wäre, dass unsere Kinder auf Pädagogen treffen, die sich sofort in Beziehung zu unseren Kindern begeben. In Beziehung sein heißt, dass ein Pädagoge seine Tätigkeit nicht als Bewältigung der vertraglich festgeschriebenen Aufsichtspflicht, sondern als permanente Interaktion mit den Kindern interpretiert. Ob eine Kindergärtnerin oder ein Kindergärtner so tickt, lässt sich relativ schnell anhand von Beobachtungen und Gesprächen feststellen. Leistungsdenken ist in dieser Phase der kindlichen Entwicklung irrelevant. Die Leistungsgesellschaft ist nämlich tot. Es braucht eine Beziehungsgesellschaft, um die Leistungsgesellschaft wieder auferstehen zu lassen.

»Der soll sich nicht so aufregen«, werden jetzt viele denken, »als ob sich schon im Kindergarten entscheiden würde, ob ein Mensch im Erwachsenenalter erfolgreich ist oder nicht.« Vor über vierzig Jahren hat sich der Forscher Walter Mischel genau dieser Frage gewidmet. Lässt sich schon im Kindergartenalter tendenziell prophezeien, ob ein Kind später erfolgreich sein wird? Die Antwort war ganz klar: Ja. Die Untersuchung mit dem klingenden Namen »Marshmallow Test« befasste sich mit der Impulskontrolle, die ja mit darüber entscheidet, ob ein Mensch süchtig wird oder nicht. Der Versuchsleiter ließ hungrige Kinder einzeln in einem Raum zurück und gab ihnen eine Glocke, mit der die Kinder läuten konnten, wenn sie einen Marshmallow haben wollten. Würden sie aber nicht läuten und warten, bis der Versuchsleiter von selbst zurück kommt, bekämen sie gleich zwei Marshmallows.

Das Kindergartenkind konnte also selbstständig wählen, ob es sich für die kurzfristige Bedürfnisbefriedigung mit abruptem Dopaminausstoß durch einen Marshmallow entscheidet oder für die Selbstkontrolle mit der Perspektive auf eine noch größere Belohnung in Form von zwei Marshmallows. Die Forscher überprüften also die Frustrationstoleranz und die Fähigkeit, die Bedürfnisbefriedigung aufzuschieben. Zusätzlich filmten die Forscher die Reaktionen der Kinder. Manche hielten bis zur Rückkehr des Versuchsleiters durch, andere hielten es nach ein paar Minuten nicht mehr aus und läuteten. Rund fünfzehn Jahre später baten die Wissenschaftler die Kindergartenkinder von einst wieder ins Labor. Dort überprüften sie die privaten und individuellen Lebensläufe. Das Ergebnis war eindeutig. Jene, die überdurchschnittlich lange ausgeharrt hatten, konnten viel eher auf privaten und schulischen Erfolg verweisen als die Kinder, die sich durch eine geringe Impulskontrolle ausgezeichnet hatten. Auch die subjektive Zufriedenheit mit dem Erreichten war bei jenen stärker ausgeprägt, die sich seinerzeit durch eine hohe Frustrationstoleranz ausgezeichnet hatten. Bereits im Kindergarten entscheidet sich also, ob ein Mensch erfolgreich wird oder nicht. Dieses Ergebnis beinhaltet eine gute und eine schlechte Nachricht. Die gute Nachricht ist, dass wir schon sehr früh die Weichen für ein glückliches und erfolgreiches Leben stellen können. Die schlechte Nachricht ist, dass unser Bildungssystem die Möglichkeiten dieser Weichenstellung noch nicht durchschaut hat. Die Impulskontrolle, die für den Umgang mit der eigenen Suchtdisposition und dem zukünftigen Lebensglück maßgeblich ist, hängt mit der Beziehungsfähigkeit eines Menschen zusammen. Über positive Beziehungserfahrung lernt ein Kind, seine Bedürfnisbefriedigung aufzuschieben. Das war die bahnbrechende Erkenntnis der skandinavischen Forscher. Interessant waren auch die Bewältigungsstrategien, die die selbstkontrollierten Kinder gewählt haben. Viele von ihnen drehten sich weg, offenbar um die Verfügbarkeit der kleinen Süßigkeit auszublenden. Auch das erzählt uns viel über Suchtbekämpfungsstrategien. Es hilft uns anscheinend, wenn wir nicht ständig daran erinnert werden, dass die unmittelbare Befriedigung eines Bedürfnisses möglich ist. Wir sollten uns also dringend überlegen, wie wir die Verfügbarkeit von Suchtmitteln und die Bewerbung der Verfügbarkeit zurückdrängen können. Gemeinsam mit einer Beziehungsfrüherziehung könnte das eine effiziente Suchtbekämpfungsmaßnahme ergeben. Das haben uns ein paar Kindergartenkinder gelehrt, die auf einen leckeren Marshmallow warten mussten.

MASSNAHME ACHT: SORTIMENTBESCHRÄNKUNGEN

Ich will die Debatte um Verfügbarkeit auch auf eine ganz pragmatische Ebene herunterbrechen. Inspiration war ein Kurzbesuch in einer Bildungseinrichtung der Wirtschaftkammer Wien, die sowohl Kurse in der Erwachsenenbildung als auch Kollegs und Fachhochschulstudiengänge anbietet. Ich traf mich mit einem Bekannten in der Mensa des Gebäudes. Es war neun Uhr in der Früh. Wir bestellten uns deshalb an der Selbstbedienungstheke einen Kaffee und ein Croissant. Ich warf einen Blick in das Kühlregal, weil ich mir auch ein Mineralwasser mitnehmen wollte. Doch die entsprechende Flasche zu finden, war gar nicht so einfach. Viel Platz war für alkoholische Getränke, vor allem für unterschiedlichste Biersorten, reserviert. In zwei großen Körben lagerten Wodka- und Kräuterbitter-Miniaturen, wie sie Alkoholabhängige gerne an Supermarktkassen kaufen. Die Miniaturen lassen sich nämlich leicht in Manteltaschen verstecken und deshalb besonders gut während der Arbeitszeit konsumieren. Ich griff mir das Mineralwasser aus der linken oberen Ecke. Dabei musste ich mich sogar ein bisschen strecken, ich gebe zu, ich bin nicht der Größte. In diesem Moment wurde mir klar, dass unsere Gesellschaft unabhängig von einer großen Verfügbarkeitsdebatte auch endlich ihren Hausverstand einsetzen muss. Eine Organisation, die eigentlich dem Wohl der Wirtschaft und der Volksökonomie verpflichtet ist, besitzt nicht einmal den Weitblick, in Mensen der hauseigenen Bildungseinrichtungen ein angemessenes Getränkesortiment anzubieten. Sie scheitert an den einfachsten Suchtpräventionsmaßnahmen. Es ist nämlich zweifelsohne unangemessen, sich in einem Schulgebäude mit Wodka, Jägermeister und anderen alkoholischen Getränken zuzuschütten. Wie soll eine solche Organisation dann imstande sein, ihre Mitglieder im Kampf gegen die Süchte zu einer verantwortungsvollen Selbstregulierung zu bewegen? Es wäre übrigens unfair, nur die Wirtschaftskammer Österreich an den Pranger zu stellen. In Krankenhäusern mit Lungenabteilungen und psychiatrischen Einrichtungen dürfen Trafiken Zigaretten und Glücksspielangebote der Österreichischen Lotterien verkaufen. Wir erlauben Eventagenturen, dass sie mit ihren Reise- und Party-Angeboten in die Schulen vordringen und dort auf Kundenjagd gehen. Die Fotos von den daraus resultierenden Besäufnissen und Exzessen sind dann für immer im unauslöschlichen Gedächtnis von *facebook* und all den anderen sozialen Netzwerken gespeichert. In Anbetracht solcher Entwicklungen muss ich eine sehr direkte Frage stellen: Sind die ganz alltäglichen Kontrollinstanzen unserer Gesellschaft nicht mehr ganz bei Trost? Maßnahme acht muss eine drastische Beschneidung von Waren- und Dienstleistungssortimenten an neuralgischen Orten unserer Gesellschaft bringen. Neuralgische Orte sind zum Beispiel Gesundheits-, Bildungs- und Verwaltungseinrichtungen. Die Sortimentbeschneidungen sollten alle Produkte mit erhöhtem Suchtpotential betreffen, dazu zähle ich Suchtsubstanzen wie Alkohol und Nikotin, aber auch Glücksspielangebote und in Werbung verpackte Botschaften, die vor allem schutzbedürftige Menschen ansprechen. Entweder die Manager der neuralgischen Einrichtungen kommen zur Vernunft und leiten einen Prozess der Katharsis ein, oder aber der Gesetzgeber muss radikal eingreifen. Wir können uns diese Form von Unverantwortlichkeit nicht mehr leisten.

MASSNAHME NEUN: SELBSTBEOBACHTUNG

Solange uns Wirtschaft, Politik und Bildungswesen im Stich lassen, müssen wir selbst auf uns achten. Ich empfehle immer einen kritischen Blick auf die eigene Selbstkontrolle. Gibt es etwas, das ich auf Kosten anderer Dinge tue und zwar in einem so großen Umfang, dass die anderen Dinge zu kurz kommen? Existieren Situationen, wo ich regelmäßig die Kontrolle verliere? Fühle ich mich schlecht, wenn ich gewisse Dinge nicht tue?

Stoße ich tatsächlich auf Aktivitäten, wo ich bei einer oder mehrerer dieser Fragen mit »Ja« antworten würde, sollte ich mir Gedanken über eine etwaige Suchtgefährdung machen. Für das Hintanstellen von Süchten gibt es mehrere Strategien, die jede für sich, aber auch in Kombination wirksam sein können.

Erstens. Vermeidung. Wenn ich weiß, dass eine Aktivität unweigerlich zu Kontrollverlust führt, sollte ich sie besser vermeiden. Es gibt zum Beispiel Leute, die auf einem Motorrad zum Raser mutieren und dabei sich und andere gefährden. Solchen Menschen würde ich nicht zu irgendwelchen Fahrtrainingskursen raten. Sie sollen einfach nicht mehr aufs Motorrad steigen. Merke ich, dass ich bei meinem ersten Abend im Casino gleich mal tausend Euro verspielt habe, ohne es wirklich zu merken, gehe ich nicht mehr ins Casino. Wenn sich in meinem begehbaren Schrank bereits zehn unausgepackte Kisten von irgendwelchen Shoppingportalen finden, lasse ich vielleicht zwischenzeitlich mein Konto bei der betreffenden Firma sperren.

Zweitens. Selbstbeschränkung. Vielen Menschen hilft es, wenn sie die Kontrolle über sich selbst »auslagern«. Die Kontrolle obliegt dann nicht mehr dem eigenen Willen, sondern einer externen Instanz. Die harmloseste Form von Selbstbeschränkung ist die Einbindung von engen Familienmitgliedern. Das kann die Ehefrau sein, die fortan das Haushaltsbudget verwaltet, oder ein Elternteil, der den Computer verwahrt und nur zu vereinbarten Zeiten aushändigt. Etwas weitergehende Selbstbeschränkungsmechanismen sind zum Beispiel die Definition von Limits für Bankomat- und Kreditkarten, aber auch die freiwillige Abgabe der Bankomatkarte beim Kundenbetreuer der Bank.

Drittens. Externes Feedback. Wir dürfen davon ausgehen, dass uns unser nahes Umfeld nichts Böses will. Wenn ich also merke, dass mein Verhalten Befremdung auslöst, sollte ich diese Befremdung ernst nehmen und entsprechende Gegenmaßnahmen einleiten. Es kommt äußerst selten vor, dass sich Ehepartner aus Böswilligkeit Verhaltenssüchte unterstellen. In den allermeisten Fällen steckt hinter den harten Vorwürfen eine aufrichtige Sorge, die sich obendrein noch als berechtigt herausstellt. Auch ein Hausarzt hat nichts davon, wenn er bei einem Patienten eine Sucht oder zumindest eine Suchtgefährdung diagnostiziert, ohne dass tatsächlich etwas dahinterstecken würde. Auch hier ist es also ratsam, das externe Feedback anzunehmen und zum Ausgangspunkt für eine unverbindliche Konsultation bei einem Suchtexperten zu machen. Umgekehrt appelliere ich an Angehörige, einen Süchtigen nicht als Bösewicht, sondern als Kranken zu sehen.

Achtung, für die Wirksamkeit dieser Strategie gibt es eine ganz entscheidende Ausnahme. Gelegentlich kommt es vor, dass Süchtige aus einem einschlägigen Suchtmilieu stammen. In diesen Fällen ist das Feedback von Nahestehenden wenig bis gar nicht hilfreich. Jedes ehrliche Feedback würde nämlich bedeuten, sich auch die eigene Sucht einzugestehen. Umso wichtiger sind in solchen Fällen Ärzte und Menschen aus dem erweiterten Umfeld, die die Rolle der externen Feedback-Quelle übernehmen.

Viertens. Vielfältigkeit. Wenn mein Leben von unterschiedlichsten Facetten geprägt ist, reduziert das die Gefahr einer Verhaltenssucht. Sagt ein Mensch, dass er »nur arbeitet«, hat er ein Problem. Kann ein Mensch von sich behaupten, einen Job, ein Privatleben, einen Freundeskreis und Hobbys zu haben, muss er sich weniger vor einer Verhaltenssucht fürchten. Dieses Prinzip lässt sich auf alle Lebensbereiche umlegen. Es funktioniert für Ernährung, für Medienrezeption, für Konsum, für Weiterbildung, für Freizeitgestaltung und für viele andere Aspekte des Alltags. Es funktioniert sogar für Suchtmittel. Das Gegenteil von Sucht ist nämlich nicht Abstinenz. Das Gegenteil von Sucht ist Genuss. Ich kann hie und da ein Glas Rotwein, einen Zigarillo, einen Besuch im Casino oder einen lustigen Nachmittag mit Computerspielen genießen. Das Problem speist sich erst aus der Routine. Wer es also schafft, sich vom Grundsatz »more of the same« zu emanzipieren und wer immer wieder neue Facetten in sein Leben lässt, hat einen entscheidenden Schritt in Richtung suchtfreies Leben gemacht.

Wir können nichts für unsere Suchtdisposition – sie ist Teil unseres organischen Aufbaus.

Wir müssen uns damit abfinden, dass Sucht kein Randgruppenphänomen ist – Sucht ist ein ökonomisches Konzept, von dem die Wirtschaft kurzfristig massiv profitiert.

Wir müssen realisieren, dass es nicht nur Heroin, Koks und Konsorten sind, die unsere Kinder bedrohen – sondern Verhaltenssüchte wie Kaufsucht, Internetsucht und Spielsucht.

Wir müssen uns von der Illusion verabschieden, dass Sucht an gesellschaftlichen Schichten festzumachen ist – wir alle und insbesondere unsere Kinder könnten von Verhaltenssüchten betroffen sein.

Wir müssen uns in eine neue Lebensrealität einfinden – unsere Suchtgesellschaft lungert nicht in U-Bahnunterführungen herum, sondern trifft sich im Internet, im Automatencasino und in Einkaufszentren.

Wir müssen mittelfristig damit leben, dass uns nur ein restriktives Verfügbarkeitsmanagement vor uns selbst schützen kann – wo weniger Suchtmittel sind, besteht auch weniger Gefahr.

Wir müssen daran arbeiten, dass sich die Sucht vom gesundheitspolitischen Randthema zur großen Herausforderung der nächsten zwei Jahrzehnte entwickelt – ansonsten steuern wir auf ein Horrorszenario zu.

Wir sind trotz allem Vorbilder. Leben wir ohne Verhaltenssüchte, steigen auch die Chancen, dass unsere Kinder ohne Verhaltenssüchte leben.

Wir sind auf der Suche nach Beziehung. Investieren wir in eine beziehungsfähige Gesellschaft, investieren wir gleichzeitig in eine suchtfreie Gesellschaft.

Wir sind nicht ausgeliefert – wir können in unserem höchstpersönlichen Lebensbereich Strategien gegen die Sucht entwickeln.

NACHSATZ

Die in diesem Buch beschriebenen Fallbeispiele basieren auf wahren Begebenheiten. In Hinblick auf die ärztliche Verschwiegenheitspflicht habe ich darauf geachtet, dass die handelnden Personen nicht erkennbar sind. Dementsprechend sind Krankheitsbeschreibungen, Orte und weitere Details, die zu einer Identifizierung führen könnten, weggelassen oder geändert. Die ausgewählten Fälle sind für das Verständnis wesentlicher Kernbereiche wichtig und dokumentieren häufig wiederkehrende Phänomene innerhalb der Suchtbehandlung.

DANKSAGUNG

Ich danke Michael Obermeyr (Geschäftsführer Reichl und Partner Public Relations) für die Initialzündung zu diesem Buch und die vielen wertvollen Ratschläge, Mag. Fabian Burstein für die großartige Unterstützung als Lektor sowie Bernhard Salomon und seinem Team vom Verlag für die gute Zusammenarbeit.

Weiters danke ich Univ. Prof. Dr. Alois Birklbauer (Institut für Strafrechtswissenschaften, Universität Linz) und Mag. Sigrid Oberleitner für die Hilfe bei juristischen Fragen. Last but not least danke ich meiner Frau, Dr. Karin Yazdi, für die fachlichen Anregungen und das Korrekturlesen.

Gerald Hörhan
GEGEN
gift
Wie euch die Zukunft gestohlen wird.
Was ihr dagegen tun könnt.
edition a

Gerald Hörhan
Gegengift

»Europa halst euch einen Schuldenberg auf. Ihr werdet eure besten Jahre damit verbringen, die Kredite von Menschen zu tilgen, die dann gar nicht mehr leben. Ihr seid selbst schuld daran. Ihr wehrt euch nicht, weil ihr feig, faul und falsch gebildet seid.«
Gerald Hörhan, Investmentbanker, Harvard-Absolvent und Punk, analysiert die Situation der europäischen Jugend und liefert ein Gegenrezept: Wirtschaftliche Macht statt sinnloser Demos gegen den sozialen Abstieg. Er behauptet: Alles, was dazu nötig ist, lässt sich bei vier Abendessen erklären.

ISBN 978-3-99001-029-7
192 Seiten, EUR 19,95

Christian Ortner
PROLO
KRATIE
Demokratisch
in die Pleite
edition a

Christian Ortner
Prolokratie

Sie ist ungebildet, unreflektiert, manipulierbar, von vordergründigen Bedürfnissen getrieben und entbehrt jedes Weitblickes – jene Masse, an der sich Politiker aller Lager orientieren und die so letztlich bestimmt, wo es im Staat langgeht. Christian Ortner widmet sich in seiner Streitschrift mit pointierter Polemik den Folgen dieser Vorherrschaft der bildungsfernen, aber grundsicherungsaffinen Schichten und gelangt zur Einsicht: Die Demokratie ist früher oder später zum Bankrott verurteilt, denn die Masse regiert den Staat in den Untergang. Erst wenn er ruiniert ist, können die demokratischen Systeme wieder Selbstheilungskräfte entwickeln.

ISBN 978-3-99001-047-1
96 Seiten, EUR 14,90